Hilfskreuzer *Widder* passiert den Nord-Ostsee-Kanal,
gefolgt von Hilfskreuzer *Atlantis*.

Paul Schmalenbach

Die deutschen
Hilfskreuzer
1895–1945

Stalling

© 1977 Verlag Gerhard Stalling AG, Oldenburg und Hamburg
Schutzumschlag: E. Beaufort
Gesamtherstellung: Gerhard Stalling AG, Oldenburg

ISBN 3-7979-1877-1 · Printed in Germany

Vorwort

Am Anfang dieses Buches steht das Modell des Hilfskreuzers *Wolf*, das – ausgestellt im Jahre 1918 in der Stadthalle Hagen in Westfalen – mich als Neunjährigen tief beeindruckt hat. Die erste unmittelbare Berührung mit einem Kriegsschiff, wenn auch nur als Modell, hat mich sehr beschäftigt und mich in meiner bereits vorhandenen Neigung bestärkt, Seeoffizier zu werden. An dieses Modell habe ich später manches Mal denken müssen: als Seekadett und als Wachoffizier auf der *Emden* im Indischen und Pazifischen Ozean, als einer der Artillerieoffiziere auf *Deutschland* bei Kriegsausbruch im Atlantik. Hier lernte ich auch die besonderen Schwierigkeiten des Handelskrieges kennen: das wochenlange Warten auf das Zupacken, aufgezwungen durch politische, strategische und taktische Rücksichten und nicht zuletzt durch die See, das Wetter. Als im Laufe des Krieges die Namen der Hilfskreuzerkommandanten und ihrer Mitkämpfer bekannt wurden, und ich darunter manchen Kameraden und Freund fand, kam mir der Gedanke, die Leistungen aller Hilfskreuzer einmal zusammenzustellen, um ein Bild von ihren Erfolgen und Mißerfolgen zu zeichnen, jedoch nicht, um ihre Leistungen zu bewerten, denn es gibt keinen Maßstab, alle Umstände des Handelskriegs mit Hilfskreuzern gerecht zu erfassen.
Als der Verlag Gerhard Stalling mich 1975 fragte, ob ich bereit wäre, einen Bildband über die deutschen Hilfskreuzer zusammenzustellen, habe ich frohen Herzens zugestimmt. Das Ergebnis lege ich hiermit vor.

Dabei war es meine Absicht, die wenig bekannte Vorgeschichte des Hilfskreuzerproblems und die Entwicklung der Stellung des Hilfskreuzers im Völker- und Kriegsrecht so knapp, aber klar wie möglich darzulegen, die starken Unterschiede in der Verwendung von Hilfskreuzern in der britischen und deutschen Marine zu zeigen wie aber auch – und das vor allem! – die Unterschiede zwischen dem I. und dem II. Weltkrieg in der Verwendung der Hilfskreuzer auf deutscher Seite klarzumachen. Das Leben an Bord dieser Schiffe, die besonders große, weil stets entscheidende Rolle der Kommandanten und das enge Zusammenwirken der Besatzungen stehen im Vordergrund der Betrachtung, nach Möglichkeit verdeutlicht durch Auszüge aus den Kriegstagebüchern und sonstigen Akten, durch Lichtbilder und Gefechtsskizzen. Bei der Auswahl der Bilder wurden die bevorzugt, die entweder noch nicht veröffentlicht worden sind oder aber den Zweck des Buches am besten erläutern.

Für verständnisvolle Unterstützung meiner Arbeiten danke ich folgenden Herren:
Herrn K. Adm. a. D. Kurt Weyher, Kmdt. *Orion,* für Bildbestimmungen und Erläuterungen;
den Oberarchivräten Dres. Sandhofer und Haupt, Bundesarchiv Freiburg bzw. Koblenz, für die Vorbereitung der Akten und Bildauswahl;
Herrn Ernst Fröhling, Witten, für Bilder;
Herrn Arnold Kludas für die *Normannia*-Unterlagen;
Herrn Hans H. Hildebrand, Hamburg-Bergedorf, für Bilder der Kommandanten und ergänzende Angaben;
Herrn Korvettenkapitän a. D. Karl Schäfer, Altenholz, für torpedotechnische und -taktische Daten;
Herrn Franz Hahn, Betreuer der Historischen Sammlung der Marineschule Mürwik, für Bilder und Literatur;
Herrn Peter Mickel, Hamburg, für die grundlegend überprüften Schiffsskizzen.

Ein Ausblick auf die Möglichkeiten eines Handelskrieges mit Hilfskreuzern im Zeitalter der Weltraumüberwachung durch Satelliten und der Elektronenrechner beschließt das Buch.

Paul Schmalenbach

Das Modell des Hilfskreuzers *Wolf*.

Geleitwort

Unzählige Bücher wurden über die deutschen Hilfskreuzer geschrieben, über ihre Fahrten und ihre Erfolge in zwei Weltkriegen. Ein neues Buch zu diesem Thema fordert deshalb die kritische Frage nach der Notwendigkeit und Berechtigung dieses Werkes heraus. Ich möchte diese Frage so beantworten: Nach der Lektüre des Buches fragt man sich, warum ein solches Buch nicht schon viel eher geschrieben worden ist.

Paul Schmalenbachs Buch ergänzt alle bisher über Hilfskreuzer erschienenen Bücher in Wort und Bild und stellt die erste eigenständige Geschichte der deutschen Hilfskreuzer von den Anfängen bis zum Ende des Hilfskreuzerkrieges 1943 dar.

Schmalenbach hat es verstanden, die wesentlichen Aspekte der besonderen Waffe »Hilfskreuzer« herauszuarbeiten und zu schildern, wie der Erfolg der deutschen Hilfskreuzer nur möglich war im vertrauensvollen und disziplinierten Zusammenwirken *aller* Männer an Bord. Mehr als jede andere Waffe operierten ja Hilfskreuzer allein und auf sich selbst gestellt, ohne direkte Unterstützung durch die Heimat und oft ohne ausreichende Information, gegen einen weit überlegenen Gegner.

Die deutschen Hilfskreuzer – das geben heute auch die ehemaligen Gegner unumwunden zu – führten einen tapferen und fairen Seekrieg, wie es ihn in dieser Form seither nicht wieder gegeben hat und nie wieder geben wird.

Dieses Buch darf als ein Denkmal gelten für jene Männer, die in zwei Weltkriegen auf deutschen Hilfskreuzern ihre schwere Pflicht taten und die ihnen gestellten Aufgaben voll erfüllten.

Bernhard Rogge
Vizeadmiral a.D.
Kommandant Hilfskreuzer *ATLANTIS*

Inhaltsverzeichnis

Vorwort 5
Geleitwort 6
Erläuterung der Abkürzungen 8
Die Entwicklung des Hilfskreuzers bis 1914 11
Die Bedeutung der Hilfskreuzer für die deutsche
    Seekriegführung 15
Kommandanten und Besatzungen 16
Die deutschen Hilfskreuzer 26
Vorgesehene deutsche Hilfskreuzer 1914 45
Die militärischen Einrichtungen 50
    Tarnen und Täuschen 50
    Die Waffen 54
    Die Artillerie 54
    Die Torpedowaffe 58
    Minen 60
    Der Bordnachrichtendienst 63
    Torpedotragende Beiboote 64
    Flugzeuge an Bord der Hilfskreuzer 67
    Die Bewaffnung der Hilfskreuzer 70
Die Ausbildung 72
Der Operationsbefehl 73
Die Ausreise 74
Der Dienstbetrieb 77
Flugzeuge im Einsatz 82
Minenoperationen 85
Der Kreuzerkrieg 88
Jagd auf Walfänger 97
Freizeit 103
Der Nachschub 105
Die Pflege des Schiffes 110
Kreuzergefechte 113
»Fremde an Bord!« 122
Heimkehr oder Untergang 124
Rückblick und Ausblick 130

Anhang I: Chronik des Handelskriegs
        mit Hilfskreuzern 134
Anhang II: Verbleib der Hilfskreuzer 137
Anhang III: Deutsche Erfolge im Handelskrieg
        mit Hilfskreuzern 138
Anhang IV: Vergleich der Größe der aufgebrachten
        Schiffe und Gesamterfolge im I. und II.
        Weltkrieg 142

Quellenübersicht 143
Bildquellennachweis 143

Erläuterung der Abkürzungen

1. Allgemeines

a.D.	außer Dienst (gestellt)
ent	entlassen
i.D.	in Dienst (gestellt)
K	Kohlenschiff, erst nach Übernahme der Kohlen versenkt
K.T.B.	Kriegstagebuch
P	Prise
X	im Gefecht
†	versenkt, gefallen
(†)	selbst versenkt

2. Behörden und Dienststellen

O.K.M.	Oberkommando der Kriegsmarine
O.K.W.	Oberkommando der Wehrmacht
Op.Gebiet	Operationsgebiet
R.M.A.	Reichsmarineamt
S.K.L.	Seekriegsleitung
W.K.K.	Wehrkreiskommando

3. Dienstgrade und -stellungen

Adm.	Admiral
Art.O.	Artillerieoffizier
B.N.O.	Bordnachrichtenoffizier
dR	der Reserve
FK	Fregattenkapitän
I.O.	Erster Offizier
KA	Konteradmiral
KK	Korvettenkapitän
KL	Kapitänleutnant
Kmdt.	Kommandant
KzS	Kapitän zur See
L	Leutnant
Nav.O.	Navigationsoffizier
OL	Oberleutnant
Torp.O.	Torpedooffizier
VA	Vizeadmiral
zS	zur See

4. Reedereien

ALL	Atlas Levante-Linie, Bremen
A-S	Anglo-Saxon Petrol Co., London
B&F	British & Foreign S.S. Co., Liverpool
Currie	Leith, Hull & Hamburg S.P. Co., Leith
DADG	Deutsch-Australische D.G., Hamburg
DOAL	Deutsche Ost-Afrika-Linie, Hamburg
GAL	Gdynia-America Line, Gdingen
Glen	Glen Line, Liverpool
Hansa	DDG »Hansa«, Bremen
HAPAG	Hamburg-Amerika Linie
HSDG	Hamburg-Südamerikanische D.G.
Laeisz	F. Laeisz, Hamburg
NDL	Norddeutscher Lloyd, Bremen
OPDR	Oldenburg-Portugiesische D.R., Hamburg
RFF	Russische Freiwilligen Flotte
R.M.	R. MacKill & Co., Glasgow
Woerm	Woermann-Linie, Hamburg

5. Werften

B&V	Blohm & Voss, Hamburg
B&W	Burmeister & Wain, Kopenhagen
Br.Vulk	Bremer Vulkan
Desch	Deschimag, Bremen
Dobs	W. Dobson & Co., Newcastle
Duncan	R. Duncan & Co., Pt. Glasgow
DWH	Deutsche Werft, Hamburg
DzW	Danziger Werft
FSG	Flensburger Schiffsbau-Gesellschaft
Germ	Friedrich Krupp Germania Werft, Kiel
GWT	Gouvernementswerft Tsingtau
Ham	W. Hamilton & Co., Glasgow
How H	Howaldtswerke AG, Hamburg
How K	Howaldtswerke AG, Kiel
KWG	Kriegsmarinewerft Gotenhafen
KWK	Kaiserliche Werft Kiel
KWW	Kaiserliche Werft Wilhelmshaven
Neptun	Neptunwerft, Rostock
R&F	Ramage & Ferguson, Leith
SchiE	Schichauwerft, Elbing
Teckl.	Joh. C. Tecklenborg, Geestemünde
Vulc Hbg.	Vulcan, Hamburg
Vulc St.	Vulcan, Stettin
Wes	A.G. Weser, Bremen
Work	Workman, Clark & Co., Belfast

Werften, die nacheinander ein Schiff umgebaut haben:

WB&V	Wilton-Fijenoord Schiedam + B&V
WOK	wie vor + Oderwerke Stettin + KWG

6. Kriegsschiffe

AMC	Armed Merchant Cruiser (englische Bezeichnung für Hilfskreuzer)
H.K.	Hilfskreuzer
Kbt.	Kanonenboot
Linsch.	Linienschiff
L.Krz.	Leichter Kreuzer
P	Prise
Pz.Krz.	Panzerkreuzer
S.Krz.	Schwerer Kreuzer

7. Handelsschiffe

F	Frachtschiff
Fi	Fischereifahrzeug
P	Passagierschiff
S	Segler
T	Tanker
WF	Walfänger
WK	Walkocher

8. Nationalität

AE	ägyptisch
B	belgisch
DK	dänisch
F	französisch
GB	britisch im weitesten Sinne
GR	griechisch
I	italienisch
JA	japanisch
N	norwegisch
NL	niederländisch
PA	panamenisch
PO	portugiesisch
RU	russisch
S	schwedisch
SF	finnisch
SP	spanisch
US	amerikanisch
YU	jugoslawisch

Die Entwicklung des Hilfskreuzers bis 1914

1856 Die Pariser Seerechtsdeklaration schafft die Kaperei (die rechtmäßige Aufbringung von Handelsschiffen durch private Unternehmer im Dienst einer kriegführenden, völkerrechtlich anerkannten Macht) ab.

1861/65 Der amerikanische Bürger- oder Sezessionskrieg. Der beiderseitige Mangel an schnellen Dampfern für den Einsatz als Blockadeschiffe oder als Blockadebrecher führt zum spekulativen Bau schneller Schiffe in Europa, die – bewaffnet oder unbewaffnet – gekauft werden. Durch die absichtliche Beibehaltung des zivilen Aussehens wird der Gegener getäuscht.

Je ein russischer Flottenverband besucht 1863 New York bzw. San Francisco, wo die Russen die schnellen und bewaffneten, friedlich erscheinenden Schiffe beobachten.

1870 Der Norddeutsche Bund beabsichtigt, Handelsschiffe als »freiwillige Seeabwehr« zur Verstärkung der sehr schwachen Flotte heranzuziehen, um sie vor allem gegen den aus Nordamerika kommenden Nachschub für die französische Armee einzusetzen. Erbitterter diplomatischer Widerstand Frankreichs, Befürwortung seitens Großbritannien. Die Bundesregierung verzichtet auf ihr Vorhaben wegen der bisher guten Beziehungen zu den Vereinigten Staaten von Nordamerika.

1887 Der russische Admiral Lissovsky erinnert sich der in Amerika 1863 gemachten Beobachtungen, als ein Krieg zwischen Rußland und Großbritannien droht: er kauft in Amerika drei im Bau befindliche, schnelle Dampfer und stellt sie in Dienst, um sie als Handelsstör- oder Hilfskreuzer (auxiliar cruiser) gegen den britischen Handel einzusetzen (6000 BRT, 13 kn, 15-cm-Geschütze, 20 Tage Seeausdauer).

Der »Berliner Kongreß« beendet die Kriegsgefahr. Die drei Dampfer bilden den Grundstock der nun aufgebauten, in Staatsbesitz befindlichen »Russischen Freiwilligen Flotte« (RFF), die im Frieden der Verbindung zwischen den Schwarzmeer-Häfen und dem Fernen Osten dient und im Krieg die Kreuzerflotte verstärken soll.

Unter dem Eindruck der russischen Maßnahmen kommt es zum ersten Subventionsvertrag einer Regierung mit einer Reederei: Die britische Admiralität zahlt der White Star Line erhebliche Beträge, wofür sich die Reederei verpflichtet, bestimmte Forderungen im Blick auf die Eigenschaften der zu bauenden Schiffe, insbesondere durch den Einbau von Geschützunterbauten, zu erfüllen.

Die Reichsregierung hält sich zurück, nennt jedoch den beiden führenden deutschen Reedereien (Norddeut-

scher Lloyd, NDL; Hamburg-Amerikanische Packetfahrt Actien-Gesellschaft, HAPAG) ihre Wünsche hinsichtlich der Eigenschaften und Einrichtungen künftiger Schnelldampfer. Die beiden Gesellschaften wollen aus freien Stücken diese Wünsche erfüllen, soweit ihre wirtschaftlichen Interessen dieses zulassen.

1888/90 Stapellauf der vier Schnelldampfer *Auguste Victoria, Columbia, Normannia* und *Fürst Bismarck* der HAPAG (etwa 8000 BRT, 150 m lang, 17,5 m breit, 18–20 kn schnell, etwa 1200 Passagiere. Stellenweise verstärkte Decks zum Aufstellen von Geschützen).

1889 laufen die beiden ersten britischen als Hilfskreuzer vorgesehenen Schiffe vom Stapel: *Majestic* und *Teutonic,* den deutschen Schiffen sehr ähnlich. Frankreich, die Vereinigten Staaten, Italien, Österreich-Ungarn, Spanien und Japan schließen Subventionsverträge.

1892 Die russische Regierung beschließt den Bau von zwei Schiffstypen für die RFF: a) Passagierdampfer mit Klippersteven, 19–20 kn, 15-cm-Geschütze; b) Frachter 12–13 kn, 5000-6000 BRT, große Luken für den Lokomotivtransport.

1893 Ältester, bisher entdeckter Hinweis auf deutsche Hilfskreuzer: Die Mobilmachungsakte der Marinestation der Nordsee enthält unter dem 22. 2. eine Personalaufstellung der *Normannia*, eingeteilt nach gedientem und ungedientem Personal als Unterlage für eine Indienststellung als »Augmentations-Aviso oder Hülfskreuzer«.

1894 Das Oberkommando der Marine fragt beim Stationskommando in Wilhelmshaven nach der voraussichtlichen Dauer der Indienststellung der vier 1888/89 erwähnten Schnelldampfer als Hilfskreuzer. Man rechnet mit 5 Tagen. Die Arbeiten sollen auf Brunshausen-Reede durch Blohm & Voss, Hamburg, durchgeführt werden. Hierbei sollen die Masten so verkürzt werden, daß die Schiffe den Kaiser-Wilhelm-Kanal und seine Brücken passieren können.

1895 Die Kaiserliche Marine stellt am 21. 10. in Kiel zu Versuchszwecken den Hilfskreuzer *Normannia* für 15 Tage in Dienst (8716 BRT, 19 kn, acht 15-cm-Geschütze, vier 12,5-cm-Geschütze, zwei 9-cm-Geschütze, sechs 3,7-cm-Revolverkanonen; zwei nicht autonome Torpedoboote von je 22 t mit je einem 45-cm-Torpedorohr.

1898 Großbritannien erhebt während des spanisch-amerikanischen Krieges keinen Einspruch gegen die Umwandlung von Handelsschiffen in Hilfskreuzer.

Die Reichsregierung beginnt Verhandlungen mit Reedereien über wirtschaftliche Subventionen zwecks Un-

Der HAPAG-Schnelldampfer *Norman-nia*, Deutschlands erster Hilfskreuzer, 1895 für 15 Tage versuchsweise in Dienst gestellt.

terhaltung bestimmter Schiffsverbindungen nach einem Fahrplan. Der erste Vertrag bindet den NDL hinsichtlich seines Dienstes nach Ostasien und Australien im Blick auf regelmäßige Abfahrten auch unter Inkaufnahme gewisser Schwierigkeiten, wofür das Reich Hafenanlagen, Kohlendepots und später auch Funkstationen baut.

1902 Die RFF besitzt sechs Schiffe des großen und neun des kleinen Typs.

1904 Bei Beginn des russisch-japanischen Krieges laufen zwei RFF-Dampfer des großen Typs vom Schwarzen Meer ins Rote Meer, setzen dort die mitgeführten Geschütze auf und führen Handelskrieg. Das Aufbringen eines britischen Dampfers löst den scharfen Protest Großbritanniens aus. Rußland entläßt den Briten und zieht die Hilfskreuzer zurück. Daraufhin stellt Großbritannien eine neue These für das Seekriegsrecht auf: Handelsschiffe dürfen nur in eigenen Hoheitsgewässern in Hilfskreuzer umgewandelt werden. Allseitiger Widerspruch ist die Folge, denn alle Staaten verlangen das Recht zur Umwandlung auch auf der hohen See.

Rußland setzt insgesamt fünf Hilfskreuzer gegen Ja-

pan ein, denen 20 japanische Hilfskreuzer und 22 zu Kanonenbooten umgebaute kleinere Dampfer entgegenstehen. Die Russen setzen die Hilfskreuzer als »Handelsstörer«, die Japaner als »Handelsschützer« ein. Nebenbei: Rußland kauft die HAPAG-Schiffe *Auguste Victoria*, *Columbia* und *Fürst Bismarck* und stellt sie als *Kuban*, *Terek* bzw. *Don* in Dienst. *Don* operiert im Nordatlantik, tritt 1906 als *Moskva* zur RFF und wird im Jahre 1909 an Österreich-Ungarn verkauft, wo sie 1915/18 der deutschen U-Flotille Mittelmeer als Wohnschiff *Gäa* dient.

1907 Die 2. Haager Friedenskonferenz beschließt zwölf Deklarationen, darunter eine über die Umwandlung von Handelsschiffen zu Hilfskreuzern. Die Umwandlung muß durch Setzen der Kriegsflagge und des Kommandantenwimpels deutlich sichtbar sein. Das Schiff muß der Macht unterstellt sein, deren Flagge es führt. Der Kommandant muß durch die betreffende Macht ernannt und in der Rangliste aufgeführt sein. Die Besatzung muß den Regeln der militärischen Disziplin unterstellt sein. Gesetze und Bräuche des Krieges sind zu beachten. Der

Schnelldampfer *Smolensk* der RFF. 1898 in Großbritannien gebaut, waren *Smolensk* und ihre Schwesterschiffe im Kriegsfall als Hilfskreuzer vorgesehen. 7267 BRT, 16 000 PSi, 20 kn. Bewaffnung als Hilfskreuzer: acht 12-cm-Geschütze, für die Fundamente vorgesehen waren.

Schiffsname ist in der Liste der Kriegsschiffe zu vermerken.

Über den Ort der Umwandlung ist eine Einigung unmöglich. Eine Umwandlung in neutralen Gewässern wird jedoch allseitig abgelehnt. HAPAG und NDL verpflichten sich, künftig im Schnelldampferdienst auf dem Nordatlantik unter den Besatzungen Mindestzahlen an gedientem Marinepersonal vorzuschreiben.

1909 Die Reichsregierung erläßt die »Prisenordnung« als kaiserlichen Befehl für die Führung des Handelskrieges.

1911 Die Hamburg-Südamerikanische Dampfschiffahrtsgesellschaft (HSDG) stellt große Schnelldampfer in den La-Plata-Dienst ein und verpflichtet sich ebenfalls zur Einstellung einer Mindestzahl gedienten Personals für diesen Dienst.

1913 Folgende Wünsche der Reichsregierung werden für Schnelldampferneubauten vorgebracht:

– Geschwindigkeit nicht unter 18 kn;
– Kohlenvorrat für 10 000 sm bei 10 kn, alle anderen Vorräte entsprechend;
– Doppelschraubenantrieb;
– erhebliche Verbesserung der Sinksicherheit, u. a. auch durch Doppelboden über den größten Teil der Schiffslänge;
– Ausreichende Lenz- und Fluteinrichtung;
– Steuerstelle als Reserve unter der Wasserlinie und hinter Kohlenschutz zur Steuerung von zwei voneinander unabhängig arbeitenden Dampf-Rudermaschinen;
– Kessel, Maschinen, Hauptdampfrohr und Ruderanlage unter der Wasserlinie und hinter Kohlenschutz;
– Decksverstärkungen für die Aufstellung von zwei 10,5-cm-Geschützen auf Bug und Heck und vier 15-cm-Geschützen in der Breitseite;
– zusätzlich zu den Bunkerlöchern in der Schiffsseitenwand Bunkerlöcher in den Decks, um einen Transport innerhalb des Schiffes zu ermöglichen und die Übernahme aus längsseits liegenden Dampfern zu beschleunigen;
– Stau-, Lenz-, Flut- und Kühleinrichtung für die Munition;
– Vorbereitung zur Aufstellung von Scheinwerfern und

Dampfbeibooten und entsprechende Leistung der elektrischen Energiequellen;
– bestimmte Höhe der Masten zwecks Reichweitensteigerung der Funkanlage und des Ausgucks;
– Funkanlage deutschen Systems.

Winston Churchill beschließt als Erster Seelord Großbritanniens die Vorbereitungsmaßnahmen zur Umwandlung von Handelsschiffen in Hilfskreuzer (armed merchant cruisers = AMC) zu beschleunigen. Ab 1914 führen die als AMC vorgesehenen Schiffe ihre Geschütze stets mit sich, allerdings zunächst noch ohne Munition. Begründet wird diese Maßnahme mit dem heftig bestrittenen Recht zur Umwandlung auf hoher See.

1914 Im Frühjahr sind 39 britische Frachter, vornehmlich Fleisch- und Getreidefahrer aus Australien und Neuseeland, mit einem Heckgeschütz bewaffnet. Das Geschütz ist für jedermann klar erkennbar. Bis Jahresende soll die Zahl der bewaffneten Schiffe bis auf 70 steigen.

Deutsche Reeder erwägen die Kündigung der Subventionsverträge für die Dienste nach Afrika und Ostasien, da die wirtschaftliche Blüte die Kündigung gestattet und die Reeder Fahrplan und Tarife selbst bestimmen wollen. Zu Verhandlungen ist es nicht mehr gekommen.

Am 1. August erklärt das Deutsche Reich Rußland den Krieg. Der I. Weltkrieg beginnt.

Das »Bequartierungsschiff« *Gäa* der k. u. k. Kriegsmarine (ex *Moskva* ex *Don* ex HAPAG-Schnelldampfer *Fürst Bismarck*) war 1915/18 Wohnschiff der deutschen U-Flottille Mittelmeer, meist in Cattaro liegend.

Bestand an Hilfskreuzern, eingeteilt nach der Geschwindigkeit bei Ausbruch des I. Weltkriegs

Staat	Anzahl	Geschwindigkeit in Knoten 25	24	23	22	21	20	19	18	17	16	15
Großbritannien	26	2				5	7	2	10			
Frankreich	9			1	2	1		1		4		
Italien	21			2				2	1	16		
Japan	4					2	2					
Rußland	4							1	3			
USA	6				2		2		2			
Deutsches Reich	13			3	1			1	3	3		2

Die Bedeutung der Hilfskreuzer für die deutsche Seekriegführung

Der Hauptzweck eines Handelskriegs mit Hilfkreuzern wird deutscherseits zunächst in der Schädigung des feindlichen Handels gesehen, bis nach der Jahrhundertwende vornehmlich des französischen und russischen Handels. Mit der wachsenden Verschlechterung des Verhältnisses zwischen Deutschland und dem britischen Weltreich gewinnt die Schädigung der Einfuhren zu den britischen Inseln mehr und mehr an Bedeutung. Hinzu kommt die Möglichkeit, durch einen Kreuzerkrieg auf den Weltmeeren Großbritannien zu zwingen, seine Seewege durch Kreuzer und Hilfskreuzer zu schützen. Hierdurch würde die Hochseeflotte in der Nordsee beträchtlich entlastet werden können. In beiden Weltkriegen wird die eine wie die andere Aufgabe gelöst, jedoch auf verschiedene Weise.

Während im I. Weltkrieg gleich zu Kriegsbeginn vier Hilfskreuzer planmäßig ihre Operationsgebiete aufsuchen, verläßt im II. Weltkrieg die erste Hilfskreuzer-Welle erst ab Ende des sechsten Monats nach Kriegsausbruch die Heimat. Während im April 1915 mit dem Einlaufen von *Kronprinz Wilhelm* in Newport News der Handelskrieg auf den Ozeanen bis zum November 1915 erlischt, sorgt 1940 eine weitgehende Planung dafür, daß im Sommer schlagartig auf allen Weltmeeren deutsche Hilfskreuzer auftreten, die von einer zweiten Welle abgelöst werden sollen.

Die überraschend guten Erfahrungen des unauffälligen Hilfsminenlegers *Meteor* während seines Einsatzes an der feindlichen Küste 1915 führen zu seinem Einsatz als Handelsstörer und zu Erfolgen. Ein gleichzeitiger Vorschlag, Handelsschiffe als Hilfskreuzer auszurüsten, führt noch 1915 zur Umwandlung eines Frachtdampfers zum Hilfskreuzer *Möwe* und damit zur wohlüberlegten ersten Unternehmung eines Schiffstyps, an den man heute allgemein denkt, wenn von Hilfskreuzern die Rede ist. Im Gewand des friedlichen Frachters ziehen sie ab Ende 1915 und wieder ab Frühjahr 1940 über alle Meere, versenken feindlichen oder dem Feind dienenden Frachtraum, bringen für Wochen und Monate den Nachschub des Gegners auf bestimmten Verbindungen durcheinander und verzögern oder unterbinden ihn. Manche wertvolle Prise kommt in der Heimat an, verbessert die Rohstofflage und vermehrt den immer knapper werdenden Schiffsraum.

Während sich 1914 die deutschen Hilfskreuzer auf ein wohlvorbereitetes Nachschubsystem – in neutralen Ländern aufgebaut – stützen können, wird ab 1940 der Nachschub durch Tanker und andere Versorger von der Heimat aus gesichert. In diesem Zusammenhang ist die sowjetische Hilfe durch Eisbrecher und Beraterdienste für den Hilfskreuzer *Komet* zu erwähnen, ebenso die mit Vorbehalten gewährte japanische Unterstützung.

Wie stark die Ablenkung feindlicher Kriegs- und Hilfskriegsschiffe durch das Auftreten von Hilfskreuzern – einzeln und gemeinsam oder durch geschickt aufgebaute Nachrichten dem Feind vorgetäuscht – tatsächlich ist, läßt sich zu bestimmten Zeitpunkten sehr genau nachweisen. Die zerstreuende und bindende Wirkung der Hilfskreuzer ist schwer mit Erfolgsziffern zu belegen. Im Gesamtspiel der Kräfte haben die Hilfskreuzer eine in ihren letzten Auswirkungen schwer zu beurteilende Rolle gespielt; sicher aber sind ihre Leistungen in beiden Kriegen von großer materieller wie aber auch von ideeller Bedeutung gewesen.

Zwei grundlegende Unterschiede zwischen den deutschen und den Hilfskreuzern im Dienst der Royal Navy seien ausdrücklich herausgestellt: Von *Kaiser Wilhelm der Große* bis *Michel* kämpften die deutschen Hilfskreuzer als Handelsstörer und ohne persönlichen Gewinn der Besatzungen, während die AMC als Handelsschützer unter Beteiligung der Besatzungen an den Prisengeldern verwendet wurden.

Der Charakter der den deutschen Hilfskreuzern gestellten Aufgabe ist ausgesprochen offensiv: Die Hilfskreuzer sollen den alliierten Schiffsverkehr behindern und lahmlegen, durch ihr möglichst langes Vorhandensein verzögern und durch Versenkung und Prisen schädigen. Demgegenüber steht die Aufgabe der hauptsächlich englischen AMC, die Hilfskreuzer beim Aus- oder Einlaufen abzufangen zum Schutze der Versorgung der britischen Inseln. Diese Aufgabe ist defensiv.

Erfolg und Mißerfolg werden wie auf jedem Kriegsschiff sehr weitgehend von den Kommandanten bestimmt. Schon bei der Auswahl werden somit die Aussichten des Schiffes maßgeblich entschieden. Bei der Zusammensetzung der Besatzung und bei der Umwandlung des Handelsschiffes zum Kriegsschiff wirken sich die geistigen Gaben des Kommandanten grundlegend aus. Der Kommandant bestimmt die Qualität der Ausbildung und – in Zusammenarbeit mit dem Ersten Offizier – den Geist an Bord, wiederum unterstützt von Offizieren und Unteroffizieren. Die materiell-technische Seite kommt deutlich erst an zweiter Stelle. Daher sollen zunächst die entscheidenden Persönlichkeiten vorgestellt werden, dann die Besatzungen und die Schiffe, stets unter Zusammenfassung der Angaben aus beiden Weltkriegen, um Gemeinsames und Unterschiedliches leichter erkennbar zu machen.

Kommandanten und Besatzungen

Unter den Kommandanten der als Hilfskreuzer verwendeten Schnelldampfer ist nur einer planmäßig für diese Stellung vorgesehen: Reymann für *Kaiser Wilhelm der Große*. Alle anderen Kommandanten ergeben sich aus der Situation heraus. Weil sie durch die Außerdienststellung der im Ausland befindlichen, für einen Handelskrieg ungeeigneten kleinen Kriegsschiffe frei sind, werden sie Hilfskreuzerkommandanten. Ähnlich geht es dem jüngsten Kommandanten: Thierfelder auf *Kronprinz Wilhelm*, der bisher Navigationsoffizier des Kreuzers *Karlsruhe* war, und der nun eine Besatzung zu führen hat, die zu mehr als 95% aus Reservisten besteht.

Im Laufe des I. Weltkriegs schließt sich dann eine Gruppe von Offizieren an, die für ihre Aufgaben ausgesucht worden sind: die Kommandanten der planmäßig ausgerüsteten Frachter. Zweimal springt der Erste Offizier des einen neuen HK ausrüstenden Hilfskreuzers als Kommandant ein: Wolf auf *Geier*, Brandes auf *Iltis*.

Die Kommandanten

Abkürzungen:

EL = Eichenlaub zum RK
LA = Lebensalter bei Übernahme des Kommandos
Pl = Orden »Pour le mérite«

R = Ritterkreuz des Eisernen Kreuzes
+ U = Gefallen beim Untergang seines Schiffes
+) = KA Kähler erhielt erst aufgrund späterer Verwendung das EL

Lfd. Nr.	Name des Hilfskreuzers	Name des Kommandanten	Dienstgrade als Kmdt.	Geburtsdatum	Geburtsort	Eintritt in die Marine	LA	Bemerkungen
1	K.W.D.G.	Reymann, Max	FK	8. 3.72			42	
2	Cormoran	Zuckschwerdt, Adalbert	KK	1. 1.74	Worbis/Sa.	IV 93	40	
3	Pr.E.Fr.	Thierichens, Max	KK	11. 3.74		IV 93	40	
4	Kr.Wilh.	Thierfelder, Paul Wolfg.	KL	23. 2.83	Rostock	IV 01	31	
5	Cap Traf.	Wirth, Julius	KK	23. 6.75			39	+19.9.1914 U
6	Berlin	Pfundheller, Hans	KzS	3. 7.69	Stettin	IV 88	45	
7	Meteor	von Knorr, Wolfram	KK	7. 7.80		IV 97	34	
8	Möwe	Burggr. u.Gr. zu Dohna-Schlodien, Nikolaus	KK	5. 4.79	Mellmitz/Schl.	IV 96	37	Plm 7.3.1916
9	Wolf (I)	Hermann, Curth	KK	11. 7.81		IV 98	34	
10	Greif	Tietze, Rudolf	FK	13. 9.74		IV 92	41	+29.2.1916 U
11	Wolf (II)	Nerger, Karl-August	KK	25. 2.75	Rostock	IV 93	41	Plm 24.2.1918
12	Seeadler	Graf von Luckner, Felix	KL	9. 6.81	Dresden	X 04	35	
13	Geier	Wolf, Friedrich	KL	6. 6.80		IV 00		+7.2.1920 Breslau
14	Leopard	von Laffert, Hans	KK	25. 5.79		IV 96		+16.3.1917 U
15	Iltis	Brandes, Iwan	KL	5. 2.82		IV 01	35	
16	Orion	Weyher, Kurt	KK/FK	30. 8.01	Graudenz	IV 18	38	RK 21.8.1941
17	Atlantis	Rogge, Bernhard	KzS	4.11.99	Schleswig	VII 15	40	RK 7.12.1940, EL 31.12.1941
18	Widder	zugleich lfd. Nr. 26 Michel (1. Fahrt): von Ruckteschell, Hellmuth	KL/KK FK/KzS dRes	23. 3.90	Hamburg	Res 09	50	RK 31.10.1940, EL 23.12.1942
19	Thor (1.)	Kähler, Otto +)	KzS	3. 3.94	Hamburg	IV 14	46	RK 21.12.1940
20	Thor (2.)	zugleich lfd. Nr. 27 Michel (2. Fahrt): Gumprich, Günther	KzS	6. 1.00	Stuttgart	VII 16	40	RK 31.12.1942, +17.10.1943 U
21	Pinguin	Krüder, Ernst-Felix	FK/KzS	6.12.97	Hamburg	X 15	43	RK 22.10.1940, +8.5.1941 U, EL posthum 15.11.1941
22	Stier	Gerlach, Horst	FK/KzS	11. 8.00	Erfurt	IV 16	41	
23	Komet (1.)	Eyssen, Robert	KzS/KA	2. 4.92	Frankf./M.	IV 11	48	RK 29.11.1941
24	Komet (2.)	Brocksien, Ulrich	KzS	6. 6.98		VII 15	44	+14.10.1942 U
25	Kormoran	Detmers, Theodor	KK/FK	22. 8.02	Witten/R.	1921	38	RK 4.12.1941
26		siehe lfd. Nr. 18						
27		siehe lfd. Nr. 20						
28	Coronel	Thienemann, Ernst	FK/KzS	7.11.98	Gotha	I 17	45	

Kaiser Wilhelm der Große
Max Reymann als Konteradmiral

Cormoran
Adalbert Zuckschwerdt als Konteradmiral

Prinz Eitel Friedrich
Max Thierichens

Kronprinz Wilhelm
Paul Wolfgang Thierfelder

Berlin
Hans Pfundheller

Meteor
Wolfram von Knorr

Möwe
Nikolaus Graf und Burggraf zu Dohna-Schlodien

Wolf (I)
Curth Hermann

Greif
Rudolf Tietze

Ergänzungen zu den Kommandanten-Daten

(–) bedeutet die Dienststellung des Kommandanten des angegebenen Hilfskreuzers

1. *Reymann:* Abt.Ltr. Reichsmarineamt (–) interniert bzw. kriegsgefangen, RM: Chef d.St. Ostseestation, Präses der Marine-Friedenskommission. K 1. 1. 1921 KA, 27. 4. 1923 § char. VA, + 10. 7. 1948.
2. *Zuckschwerdt:* Kmdt.Kbt. *Cormoran* (–) interniert bzw. kriegsgefangen § 24. 11. 1919. 1940 eingezogen, 1942/44 Seekmdt. Languedoc bzw. Adm. der französischen Südküste, 1. 9. 1942 z.Vfg., 31. 5. 1944 §, + 1. 7. 1945.
3. *Thierichens:* Kmdt.Kbt. *Luchs* (–) interniert bzw. kriegsgefangen, 29. 12. 1919 §.
4. *Thierfelder:* Nav.Offz.Krz. *Karlsruhe* (–) interniert bzw. kriegsgefangen 29. 1. 1920 § char. KK. 2.W.K. Hafenkapitän Stavanger, Haugesund, Stabsoffizier bei Seekmdt. Sandneshöven, 19. 5. 1941 +.
5. *Wirth:* Kmdt.Kbt. *Eber*(–) 14. 9. 1914 schwer verwundet, im Wasser +.
6. *Pfundheller:* Dezernent Reichsmarineamt. (–), interniert, erneut Dez.RMA, 27. 3. 1919 § char. KA, 25. 12. 1940 +.
7. *von Knorr:* Mar.Attaché Tokio (–) z.Vfg.Mar.Att.Washington, Kmdt.Krz. *Breslau*, Chef d.St. Befehlshaber der Aufklärungsstreitkräfte, 2. 10. 1919 § char. FK.
8. *Burggraf und Graf zu Dohna-Schlodien:* Nav.Offz.Linsch. *Posen*(–) Flügeladjutant des Kaisers, char. KA 19. 8. 1939, 21. 8. 1956 +.
9. *Hermann:* 1.Artl.Offz.Linsch. *Oldenburg* (–) 1.Artl.Offz.-Linsch. *Ostfriesland*, Kmdt. Aviso *Blitz*, Chef d.l.Minensuchfl., 21. 11. 1919 §, 26. 2. 1927 +.
10. *Tietze:* Adm.St.Offz. 5. Geschwader, zugl. Kmdt.Linsch. *Wörth* (–)
11. *Nerger:* Kmdt.Krz. *Stettin* (–) Führer der Minenverbände der Hochseeflotte, 25. 7. 1919 § char. KzS, 19. 8. 1939 char. KA, 12. 1. 1947 +.
12. *Graf von Luckner:* Wachoffz. Linsch. *Kronprinz* (–) kriegsgefangen, RM: Segeloffz. SSS *Niobe,* 31. 5. 1922 § char. KK, 13. 4. 1966 +.
13. *Wolf:* Erster Offz. *Möwe* (–) wieder IO *Möwe*.
14. *von Laffert:* Erster Offizier Linsch. *Westfalen*, Dezernent in der Operationsgruppe des Admiralstabes (–).
15. *Brandes:* Erst. Offz. *Wolf* (–) nach Untergang kriegsgefangen. RM: u.a. Kmdt. Marinearsenal Kiel 1929/32. 1. 3. 1935 +.
16. *Weyher:* Kmdt. SSS *Horst Wessel* (–) Seekmdt. Ostfriesland, 1. 1. 1945 KA, 6. 6. 1947 §.
17. *Rogge:* Kmdt. SSS *Albert Leo Schlageter* (–) Chef d.St. bzw. Insp. d. Inspektion des Bildungswesens, Befehlshaber des Ausbildungsverbandes der Flotte und der Kampfgruppe Rogge. 1. 3. 1943 KA, 1. 3. 1945 VA. BW: als KA Befehlshaber im Wehrbereich I Kiel.
18. und 26. *von Ruckteschell:* Kmdt. Minenschiff *Cobra (Widder, Michel* 1. F.) zugeteilt dem Mar.Attaché Tokio, 24. 6. 1948 +.
19. *Kähler:* Kmdt. SSS *Gorch Fock*, Chef der Vorpostenverbände West (–) Seeschiffahrtsamt, Kmdt. der Seeverteidigung Brest, 1. 2. 1943 KA, 2. 11. 1967 +.

20 und 27. *Gumprich:* AbtlChef Wehrmachtsnachrichten-Verbindungen OKW (–*Thor,* –*Michel* 2. F.)
21. *Krüder:* Referent im OKM (–).
22. *Gerlach:* 1. 10. 1933 Wiedereintritt in die KM, 1939 Kmdt. Versuchsboot *Uhlenhorst* (–) Seekmdt. Peleponnes bzw. Nordholland. 1. 4. 1942 KzS, 18. 6. 1970 +.
23. *Eyssen:* Abt.Chef im OKM (–) Chef der Kriegsmarinedienststelle Oslo, Kdr. Wehrbezirkskommando Wien III, 1. 4. 1942 KA, 31. 3. 1960 +.
24. *Brocksien:* Chef d.St.Befehlsh.d.Sicherung der Nordsee (–).
25. *Detmers:* Kmdt. Zerstörer *Hermann Schoemann* (–) kriegsgefangen. 1. 4. 1943 KzS.
26: siehe lfd. Nr. 18.
27: siehe lfd. Nr. 20.
28. *Thienemann:* Referent OKM (–) Abtlg.Chef OKM, Kmdt.S.Krz. *Admiral Scheer*, Kdr.Flotten-Fla-Regiment. BM: 1957/60 Unterabteilungsleiter im Führungsstab der Marine, 17. 10. 1957 Flottillenadmiral, 27. 6. 1964 +.

Mit einer Ausnahme sind auch im II. Weltkrieg alle Hilfskreuzer-Kommandanten aktive Offiziere. Die Ausnahme ist Hellmuth von Ruckteschell, der im I. Weltkrieg U-Boot-Kommandant gewesen ist und sich durch Kaltblütigkeit und Tatkraft so auszeichnete, daß die Gegner ihn vor Gericht stellen wollten. Von Ruckteschell stellte *Widder* und *Michel* in Dienst.

Drei Kommandanten sind bis zum Kriegsausbruch Kommandanten von Segelschulschiffen: Kähler, Rogge und Weyher. Sie haben ihr künftiges Operationsgebiet in allen Richtungen durchkreuzt und nehmen einen Teil ihrer bisherigen Besatzung auf den Hilfskreuzer mit. Der langjährige Kommandant des Vermessungsschiffs *Meteor*, Eyssen, erhält die navigatorisch schwerste und reizvollste Aufgabe: *Komet* über den sibirischen Seeweg in den Pazifik zu bringen. Sechs von den insgesamt 26 deutschen Hilfskreuzerkommandanten fallen beim Untergang ihrer Schiffe.

Auf den Kommandanten stürmen alle Meldungen aus seinem Schiff, alle Befehle der Seekriegsleitung, für ihn bestimmte oder von den Funkern empfangene und entschlüsselte Funksprüche des Feindes, ja, auch die unterschwelligen Reaktionen seiner Besatzung auf disziplinäre Maßnahmen, auf Eintönigkeit des Essens, auf Langeweile und Tropenkoller ein. Gewiß, der Kommandant bespricht je nach Art des Problems dieses mit dem I. O., mit dem Verwaltungs- oder Sanitätsoffizier, mit Nav. O. und Obersteuermann, mit B. N. O., Oberfunkmeister und Radarmeister und nicht zuletzt mit dem L. J., dem leitenden Ingenieuroffizier und den Obermaschinisten. Sicher nehmen die Prisenoffiziere an Besprechungen und manch kameradschaftlich geführtem Gespräch teil. Aber die Entscheidung fällt im Kopf des Kommandanten, der

Wolf (II)
Dr. med. e. h. Karl-August Nerger

Seeadler
Felix Graf von Luckner (Z.B.)

Leopard
Hans von Laffert

Orion
Fregattenkapitän Weyher unterschreibt
Urkunden über die Verleihung von
Kriegsauszeichnungen

ein Gespür haben muß für das, was um das Schiff herum vor sich geht, aber auch für das, was sich in der engen, kleinen Welt seines Schiffes abspielt – menschlich-dienstlich, menschlich-persönlich, technisch, taktisch und strategisch. Niemand kann und wird dem Kommandanten die Entscheidung und die Verantwortung abnehmen. Die rührende Begeisterung um die Kommandanten bei jedem Wiedersehen mit früheren Besatzungsangehörigen, die Fürsorge in den Nöten der Nachkriegszeit und nicht zuletzt das mannhafte Eintreten für den erneut angeklagten von Ruckteschell – eine späte, aber unbegründete Rache – beweisen, daß die Kommandanten ihre Aufgaben hervorragend erfüllt haben.

Mit der Auswahl der Besatzungen beginnt eine grundlegende Arbeit. Auf einigen Schiffen werden noch vor der Indienststellung erhebliche Teile der Mannschaft

Die Besatzungen

Lfd. Nr.	Gliederung und Stärke Offz. akt.	Res.	UO + M akt.	Res.	Gesamt	Verluste durch Feindeinwirkung O	UO + M	Ges.	Bemerkungen, weiterer Verbleib
I. Weltkrieg									
1 Kaiser Wilhelm der Große	13	11	178	382	584	–	–	–	I: 81 span., K: 503 brit.
2 Cormoran	13 +5	4 +1	325	5	347 +6	–	7	7	I/K: 346
3 Prinz Eitel Friedrich	14	11	323	54	402	–	–	–	I/K: 402 amerik.
4 Kronprinz Wilhelm	1	19	39	408 +36	467 +36	–	–	–	I/K: 503 amerik.
5 Cap Trafalgar	8	8	118	185	319	4	12	16	I: 303 argent.
6 Berlin	.	.	.	.	.	–	–	–	I: Bes. norw.
7 Meteor	.	.	.	.	.	–	–	–	
8 Möwe (1.)	6	6	223	–	235	–	–	–	
Möwe (2.)	5	6	223	–	234	–	–	–	
9 Wolf (I)	(16)	?	(345)	?	361	–	–	–	
10 Greif	7	3	130	167	307	5	92	97	K: 210 brit.
11 Wolf (II)	9	7	247	84	347	–	–	–	
12 Seeadler	1	6	(57)	?	64	–	–	–	
13 Geier	1	1	(46)	?	48	–	–	–	
14 Leopard	4	11	275	29	319	15	304	319	
15 Iltis	1	–	(73)	?	74	–	–	–	K: 74 brit.
Summe I. Weltkrieg	**104**	**94**	**2602**	**1305**	**4150**	**24**	**415**	**439**	
II. Weltkrieg Offz. akt.	Res.	UO + M		Gesamt					
16 Orion	14	6	356		376	–	–	–	1 verunglückt
17 Atlantis	14	6	331		351	–	12	12	
18 Widder	10	8	346		364	–	–	–	1 verunglückt
19 Thor (1.)	9	10	326		343	–	3	3	
Thor (2.)	12	4	326		342	(12 verunglückt in Yokohama)			
20 Pinguin	13	13	375		401	18	323	341	
21 Stier	8	6	310		324	1	3	4	
22 Komet (1.)	12	8	250		270	–	–	–	
Komet (2.)	14	4	233		251	18	233	251	
23 Kormoran	14	12	375		401	2	78	80	K: 295 austral.
24 Michel (1.)	13	10	384		407	–	–	–	
Michel (2.)	13	9	384		406	16	274	290	116 in Japan
25 Coronel	16	3	331		350	–	3	3	
26 Hansa	Keine Angaben eingesetzt, da nicht als Hilfskreuzer verwendet.								
Summe II. Weltkrieg	**162**	**99**	**4372**		**4588**	**55**	**929**	**984**	
Summe I. Weltkrieg	**104**	**94**	**3907**		**4150**	**24**	**415**	**439**	
Summe beider Kriege	**266**	**193**	**8279**		**8738**	**79**	**1344**	**1423**	

Erläuterungen: Zahlen in Klammern in der Spalte »aktiv« schließen eine unbekannte Zahl von Reservisten ein. – Soweit nicht anders angegeben, sind die Besatzungen in den deutschen Machtbereich zurückgekehrt. – K: = Kriegsgefangenschaft, I: = Internierung unter Angabe der Gewahrsamsmacht, I/K: = erst K, dann I in den USA. + vor Zahlen bedeutet während der Unternehmung übernommene Offz. bzw. Unteroffiziere und Mannschaften (UO + M) aus deutschen Kolonien bzw. von deutschen Handelsschiffen.

Offizierkorps des Hilfskreuzers *Möwe* während der ersten Fahrt. V.l.n.r. stehend: Kapitänleutnant Wolf, Erster Offizier (zeitw. Kommandant *Geier*); Hilfsleutnant z.S. Köhler, Prisenoffizier; Leutnant z.S. Meisel, Torpedooffizier; Leutnant z.S. Niedermaier, Artillerie-Offizier; Leutnant z.S. d.R. Wellensick, Prisenoffizier; Marinezahlmeister Schönwald; ein auf *Appam* befreiter Kolonialdeutscher. Sitzend: Marine-Assistenzarzt d.R. Dr. Pietsch; Korvettenkapitän Graf Dohna, Kommandant; Oberleutnant z.S. d.R. Pohlmann, Navigations- und Prisenoffizier; Torpedo-Oberleutnant Kuhl, Minenoffizier.

Iltis
Iwan Brandes als Kapitän zur See

21

Atlantis
Kapitän z.S. Rogge dekoriert seine
Männer

Widder
Korvettenkapitän d.R. von Ruckteschell
(links) während der Aushändigung von
Eisernen Kreuzen durch Kapitän z.S.
Bauer (Chef des Stabes beim Marinebe-
fehlshaber Bretagne) an seine Männer

Komet
Aushändigung des Ritterkreuzcs des
Eisernen Kreuzes an Konteradmiral
Eyssen durch Generaladmiral Carls,
Oberbefehlshaber des Marinegruppen-
kommandos Nord, in Hamburg

Thor (1. Fahrt)
Otto Kähler

Thor (2. Fahrt) und *Michel* (2. Fahrt)
Günther Gumprich

Pinguin
Ernst-Felix Krüder

Stier
Horst Gerlach

Komet (2. Fahrt)
Ulrich Brocksien

Kormoran
Theodor Detmers

Besatzung des Hilfskreuzers *Möwe* nach
der ersten Fahrt

wegen mangelnder Eignung ausgewechselt, so auf *Orion* zwei Drittel. Ohne Rücksicht auf Dienstgrad und Dienststellung werden alle Mitglieder der Bordgemeinschaft zur Verantwortung gezogen und gegebenenfalls bestraft. So wird z. B. ein Proviantmeister wegen der unerlaubten Mitnahme einer einzigen Getränkeflasche für den eigenen Gebrauch zum Matrosen degradiert. Ausbildung und Erziehung spielen sich auf den Hilfskreuzern nicht grundlegend anders ab als auf den eigentlichen Kriegsschiffen mit etwa gleichen Besatzungsstärken wie z. B. auf Zerstörern. Aber das Wissen um eine Monate dauernde Abwesenheit, um eine ungewisse Heimkehr und um den Verzicht auf die bisherigen Bindungen an Familie, Bekannte und Freunde ist eine Belastung, die vom Kommandanten von Anfang an mitgetragen werden muß.

Bei der Indienststellung der im Ausland befindlichen oder auf hoher See übernommenen Schiffe ergibt sich die Zusammensetzung der Besatzung vielfach aus den verfügbaren Menschen. Bei den in der Heimat vorbereiteten Schiffen kann die Besatzung nach dem Bedarf des Schiffes und seiner Einrichtungen ausgerichtet werden. Leider ist bisher eine Aufschlüsselung der Hilfskreuzer-Besatzungen des Zweiten Weltkriegs nur teilweise möglich. Doch dürfte auch hier der Anteil der Reservisten, vor allem aus der Handelsmarine und von den bisherigen zivilen Besatzungen der zum Hilfskreuzer bestimmten Schiffe beträchtlich sein. Für den Ersten Weltkrieg liegen zuverlässige Unterlagen vor: 104 aktive Offiziere stehen 94 Reservisten gegenüber, 2602 aktive Unteroffiziere und Mannschaften 1305 »Angehörigen des Beurlaubtenstandes«.

Eine Aufschlüsselung bietet die Tabelle auf Seite 20, wo vor allem *Kronprinz Wilhelm* mit einem aktiven Anteil von weniger als 5% eine Ausnahme bildet.

In den Besatzungen sind alle Fachrichtungen oder »Laufbahnen«, wie es früher hieß, vertreten, soweit der Betrieb des Schiffes es verlangt. Die seemännisch-nautische Führung und Handhabung, Antrieb und Energieversorgung, die Versorgung der Menschen mit Essen, Trinken, Wärme und Kühlung, mit Sauberkeit und Gesundheit, das sind Aufgaben, die auf jedem Schiff zu erledigen sind. Auf dem Handelsschiff beansprucht der Funkdienst nur wenig Platz und in der Regel nur einen Menschen. Wieviel anders ist es dagegen auf dem Hilfskreuzer, wo die Verbindung mit der Heimat ständig aufrechtzuerhalten ist, und wo daneben noch der feindliche Funkverkehr zu beobachten ist, um aus Art, Häufigkeit und funktechnischen Eigentümlichkeiten auf das mögliche Verhalten des Gegners zu schließen (der sogenannte B- oder Beobachtungsdienst). Dazu tritt dann noch die Gruppe zum Verschlüsseln und Entschlüsseln eigener Funksprüche und zum Eindringen in den Inhalt feindlicher Sprüche. Das Signalpersonal auf der Brücke spielt beim Ausguck wie vor allem beim Anhalten von Handelsschiffen seine Rolle.

Offensive Maßnahmen können nur mit den Waffen durchgeführt werden. So bilden die Besatzungen der Geschütze und Torpedorohre, die Leitmannschaften an den Ziel- und Meßgeräten einen großen Teil der Besatzung, bei der Pflege ihrer Waffen durch Mechanikerpersonal unterstützt. Minenträgern wird das entsprechende Fachpersonal ebenso gegeben wie Flugzeugführer, -beobachter und -mechaniker den mit Bordflugzeugen ausgerüsteten Schiffen. Die Leicht-Schnellboote stellen noch besondere Ansprüche.

Die Übersicht »Besatzungen« läßt die Verluste erkennen, die die Hilfskreuzerbesatzungen durch unmittelbare Feindeinwirkung (oder durch Unfälle) erlitten. Weniger als ein Sechstel aller Hilfskreuzer-Männer ist nicht heimgekehrt, im I. Weltkrieg etwa ein Neuntel, im II. Weltkrieg rund ein Viertel der Männer auf den eingesetzten Hilfskreuzern.

Coronel
Ernst Thienemann

Ein Teil der Besatzung des Hilfskreuzers
Orion

Ein Soldat des Hilfskreuzers *Atlantis*
trägt während der Zeit, in der das Schiff
als Sowjetrusse *Kim* getarnt ist, wie alle
anderen an Bord das Mützenband
Kriegsmarine mit der Rückseite nach
vorn und darüber einen Sowjetstern

Die deutschen Hilfskreuzer

Schnelldampfer *Kronprinzessin Cecilie* des NDL ist als Reserve-Hilfskreuzer vorbereitet worden. Bei der Mobilmachung auf der Heimreise, kehrt er nach New York zurück, wo er interniert wird.

Reichspostdampfer *Lützow* ist gleichfalls als Hilfskreuzer vorgesehen, wird aber bei Kriegsausbruch im Suezkanal festgehalten.

Schnelldampfer *Kaiser Wilhelm der Große* des NDL ist der einzige Hilfskreuzer, der von den vorbereiteten Schiffen tatsächlich planmäßig in der Heimat ausgerüstet wird. Als wahrer »Kohlenfresser« ist er gezwungen, oft aus einem längsseit liegenden Schiff Kohlen zu nehmen. Hier wird er beim Bekohlen von einem britischen Kreuzer beschossen; das brennende Schiff wird von der Besatzung versenkt.

Der Schnelldampfer *Cap Polonio* wird im Winter 1914/15 zum Hilfskreuzer *Vineta* umgebaut und am 8. Februar in Dienst gestellt. Auf der Probefahrt erreicht das Schiff allerdings nur 17 kn Geschwindigkeit und wird daraufhin außer Dienst gestellt.

Links:
Der Schnelldampfer *Kronprinz Wilhelm* wird am 6. 8. 1914 auf hoher See vom Leichten Kreuzer *Karlsruhe* durch Übergabe von zwei Geschützen mit Zubehör und einem kleinen militärischen Zusatzkommando innerhalb von drei Stunden in Dienst gestellt.

Rechts:
Der gewöhnlich zwischen Genua und New York verkehrende Dampfer *Berlin* des NDL ist bei Kriegsausbruch zur Instandsetzung in der Heimat. Er wird in der Kaiserlichen Werft Wilhelmshaven zum Minenleger umgerüstet. Das Bild zeigt ihn vor der 3. Schleuseneinfahrt in Wilhelmshaven, vom Wind zur Seite gedrückt.

Unten:
Der Hilfskreuzer *Cormoran* nach seiner Internierung in Guam. Das Schiff gehörte als *Rjäsan* der Russischen Freiwilligen Flotte und war von der berühmten *Emden* aufgebracht und in Tsingtau umgebaut worden. Kommandant und Besatzung des außer Dienst gestellten uralten Kreuzers *Cormoran* nahmen neben den Waffen auch den Namen ihres Schiffes mit.

Im August 1914, in der Nähe der Insel
Trinidada (Brasilien), liegt das Kanonenboot *Eber* längsseit des Schnelldampfers
Cap Trafalgar. Waffen und fast die gesamte Besatzung der *Eber* steigen über.
Eber wird außer Dienst gestellt und am
4. 9. in Bahia interniert; die *Cap Trafalgar* wird wenig später von dem britischen Hilfskreuzer *Carmania* versenkt.

Hilfskreuzer *Prinz Eitel Friedrich* läuft
am 10. 3. 1915 nach erfolggekrönter
Fahrt durch den Pazifik und den Süd-
und Mittelatlantik nach Erschöpfung aller Vorräte in Newport News, USA, ein.

Kaiser Wilhelm der Große ist gekentert.
Bei einer Schiffsbreite von 20 m und
einer geringsten Wassertiefe von 18 m
ragt die Steuerbordseite des Schiffes
noch aus dem Wasser

Hilfskreuzer *Kronprinz Wilhelm,* der erfolgreichste unter den Schnelldampfern, am 11. 4. 1915 in Newport News, das er genau einen Monat später als *Prinz Eitel Friedrich* angelaufen hatte. Kohlenbestand 25 t, ausreichend für zwei Stunden, Wasserbestand 10 t für 427 Menschen, von denen 86 an Skorbut erkrankt waren.

Hilfskreuzer *Kronprinz Wilhelm* legt am 23. 10. 1914 nach der Kohlenübernahme von der *Sierra Cordoba* (NDL) ab. Es wurden an diesem Tag 700 t Kohle übernommen, eine unvorstellbare Leistung, da die Schiffe nebeneinander lagen und im Seegang sich heftig bewegten. Der Dampfer brachte Schuhe, Drillichzeug, Kantinenwaren und insgesamt 1700 t Kohle.

Hilfskreuzer *Meteor* auf seiner ersten Fahrt. Das 15-cm-Heckgeschütz fehlt noch, und das Seitendeck ist noch offen. Das unverdächtig erscheinende Schiff englischer Bauart erregte keinen Verdacht und leitete damit den Übergang zum Frachter als Hilfkreuzer ein.

Hilfskreuzer *Möwe* hat soeben im Großen Hafen von Wilhelmshaven die Kompasse kompensiert und wartet vor der Kaiser-Wilhelm-Brücke auf Durchlaß.

Rechts:
Hilfskreuzer *Wolf* (II) während der Unternehmung. Nach dem wohlüberlegten Werfen von 465 Minen, die die größten Erfolge gegen feindliche Handelsschiffe zeitigten, begann *Wolf* als eigentlicher Hilfskreuzer zu wirken.

Unten:
Hilfskreuzer *Wolf* (I) passiert das Linienschiff *Ostfriesland*. *Wolf* kam, unmittelbar vor dem Auslaufen, was gemeinsam mit *Greif* am 27. 2. 1916 geschehen sollte, außerhalb des Fahrwassers bei Neuwerk vor Anker liegend beim Schwojen mittschiffs fest. Das Schiff bog sich so stark durch, daß Kessel und Maschinen unbrauchbar wurden. *Wolf* konnte nicht mehr auslaufen und entging so dem sicheren Untergang.

Eines der beiden bekannten Bilder des Hilfskreuzers *Greif,* der zur Tarnung einen zweiten Schornstein erhalten hat. Er verläßt am 27. 2. 1916 die Elbe, voraus durch ein U-Boot gesichert, das nach einem Tag umkehrt und *Wolf* (I) ebenso geleiten soll. Da das Auslaufen beider Hilfskreuzer verraten worden ist, erwarten englische Seestreitkräfte die beiden Deutschen in mehreren Vorpostenlinien. *Greif* durchbricht die südlichste Linie ungesehen, sichtet selbst aber den Gegner. Gegen 9 Uhr am 29. 2. schließen sich die Fänge des Gegners: *Greif* glückt zwar die Versenkung des AMC *Alcantara,* er sinkt aber im Artilleriefeuer des AMC *Andes,* des L.Krz. *Comus* und zweier Zerstörer mit weißglühendem Mittelschiff. Der Kommandant geht als letzter von Bord und wird in einem Rettungsboot durch Granatsplitter getötet.

Seeadler läuft am 21. 12. 1916 mit gesetzten Segeln aus. Streng genommen ist das Schiff kein »Segler« im reinen Sinne des Wortes, sondern ein Motorschiff, welches die Segel als Tarnung und zur Verlängerung des Fahrbereichs benutzt.

Hilfskreuzer *Geier* entsteht aus der Prise *Saint Theodore* der *Möwe*. Am 12. 12. 1916 aufgebracht; mit 7360 t Kohle für *Möwe* wahrhaft ein gesuchter Bissen. Unter Hilfsleutnant z.S. Köhler unter seinem bisherigen Namen als Handelsschiff, später als Hilfskreuzer *Geier* unter Kapitänleutnant Friedrich Wolf am 28. 12. in Dienst gestellt. Am 14. 2. 1917 von der eigenen Besatzung, die auf *Möwe* heimkehrt, versenkt.

Der erste Totalverlust unter den Hilfkreuzern: *Leopard*. Die erste Nachricht vom Untergang des Schiffes am 16. 3. 1917, die in Deutschland ankommt, ist der Inhalt einer Flaschenpost (die heute im Militärarchiv Freiburg aufbewahrt wird), geschrieben von einer Gruppe von Deckoffizieren: ... *Gefecht mit englischem Kreuzer. Kämpfen für Ruhm und Ehre Deutschlands. Einen letzten Gruß an unsere Angehörigen.* Uhrzeit und Standort stehen am Kopf, die Anschriften am Ende des Zettels. Erst nach dem Krieg wird bekannt, daß der Panzerkreuzer *Achilles* und der Leichte Kreuzer *Dundee* die *Leopard* bezwungen hatten, die die Prisenbesatzung der *Dundee* mit in die Tiefe nahm.

Hilfskreuzer *Iltis,* bisher englisch *Turritella,* bei Kriegsausbruch als *Gutenfels* von England beschlagnahmt und ein Kompanieschiff von *Wolf* (II) ex *Wachtfels,* legt von *Wolf* ab. *Iltis* soll 25 Minen im »Bab el Mandeb« (Eingang zum Roten Meer) legen, entschließt sich aber zum Minenwurf vor Aden. Hierbei wird *Iltis* entdeckt und durch den Leichten Kreuzer *Fox* verfolgt. Dadurch, daß die Unterlagen auf *Fox* über die Handelsschiffahrt lückenhaft sind und die *Turritella* nicht enthalten, kommt es zu einer stetigen Annäherung und damit zum Zwang für den Kommandanten, einem völlig hoffnungslosen Kampf durch die Versenkung des Schiffes auszuweichen (5. 3. 1917).

HAPAG-Frachter *Kurmark* — später
Orion

Dampfer *Santa Cruz* der Oldenburg-
Portugiesischen Dampfschiffs-Reederei,
Hamburg, an der Pier seiner Namens-
stadt Santa Cruz de Teneriffa. Später
Thor.

Motorschiff *Kandelfels* der DDG »Hansa«, Bremen - später *Pinguin*.

Motorschiff *Cairo* der Atlas Levante-Linie, Bremen, wird später Hilfskreuzer *Stier*, der zwar seinen letzten Gegner bezwingt, aber selbst so schwer angeschlagen wird, daß er aufgegeben werden muß.

Turbinenschiff *Neumark* der HAPAG —
später *Widder,* der als einziger operativ
eingesetzter Hilfskreuzer den Krieg
übersteht.

Motorschiff *Ems* des Norddeutschen
Lloyd, Bremen, in einem Mittelmeerha-
fen, dort typisch verankert und mit dem
Heck an der Pier festgemacht — später
Komet, der als bisher einziges deutsches
Schiff den »Nördlichen Seeweg« be-
fährt, das Europäische und Asiatische
Eismeer.

Atlantis in der zugefrorenen Kieler Förde. Scheinwerfer, leichte Fla-Waffen und Kriegsflagge betonen zwar den militärischen Charakter des Schiffes, aber nicht den wahren.

Orion in heimischen Gewässern. Er führt den zweiten, hinteren Schornstein nur in Nord- und Ostsee und ist hier als *Sperrbrecher 36* getarnt; sein Buggeschütz und die 2-cm-Fla-Waffen auf der Brücke sind nicht verborgen.

Thor, der drei britische Hilfskreuzer besiegt.

Widder vor Bergen, Norwegen, am 8. Mai 1940. Nichts deutet auf die Absichten des Schiffes hin.

Pinguin im April 1940 in der Ostsee, wo die Hilfskreuzer üben und als Ziele bei E-Meß- und Ortungsübungen und beim Torpedoschießen sich gegenseitig helfen. Dieses Foto wurde von *Widder* aus gemacht.

Stier als »friedlicher Frachter«. Deutlich ist die bei vielen Schiffen erst während des Krieges eingebaute MES-Anlage zu erkennen, d. h. der Mineneigenschutz gegen Minen und Torpedos mit magnetischer Zündung. Die das magnetische Eigenfeld des Schiffes aufhebenden Kabelsysteme liegen in der Verdickung mit halbkreisförmigem Querschnitt etwa in Höhe des obersten ganz durchlaufenden Decks.

Motorschiff *Steiermark* in der Ausrüstung bei der Friedrich Krupp Germania Werft, Kiel.

Hilfskreuzer *Komet* macht im Blick auf navigatorische Schwierigkeit und diplomatisches Geschick wohl die schwierigste Fahrt, denn der Kommandant muß die Navigation im Eismeer, das Eis selbst und das sowjetische Mißtrauen gegenüber dem so unscheinbaren Schiff bewältigen.

Hilfskreuzer *Michel* gibt mit diesem Lichtbild gewissermaßen seine »Visitenkarte« ab; es stammt aus seinem Kriegstagebuch. Das Schiff wirkt so völlig un- auffällig, denn hunderte von Hilfsschiffen haben wie es leichte Flak an Bord und die dazu erforderlichen Bedienungsmannschaften in nächster Nähe in zusätzlichen Deckshäusern untergebracht.

Hilfskreuzer *Kormoran* trifft sich im Atlantik mit einem deutschen U-Boot.

Hilfskreuzer *Coronel* bei Beendigung der Ausbildung in der Ostsee.

Hilfskreuzer *HSK 5* (II) ist nicht mehr als Hilfskreuzer verwendet worden, sondern dient als Ausbildungsschiff *Hansa* für viele Zwecke, z. B. als Schulschiff für den Offiziersnachwuchs und gleichzeitig als Zielschiff für die »Ausbildungsgruppe Front« (AGruFront) der an die Front gehenden U-Boote. Nach der Rückgabe an England erhält das Schiff seinen ursprünglichen Namen *Glengarry* wieder.

Vorgesehene deutsche Hilfskreuzer 1914

Entsprechend den Verträgen mit den führenden deutschen Reedereien waren insgesamt 20 Dampfer als Hilfskreuzer vorgesehen, davon fünf als »1. Linie« durch Geschützunterbauten vorbereitet. Vier weitere waren ebenso vorbereitet und als Reserve (»2. Linie«) eingeplant. Weitere Reserven wurden von vier Schiffen ohne jede Vorbereitung gebildet (»3. Linie«). Die sieben Reichspostdampfer waren weniger als offensive Hilfskreuzer, denn als militärisch besetzte Versorger, Nachrichtenübermittler und für sonstige Dienste gedacht. Von den offensiv zu verwendenden Schiffen, insgesamt 13, waren bei Beginn der Mobilmachung in der Heimat nur sechs verfügbar, davon zwei nach kurzer Dienstzeit zurückgegeben. Drei Schiffe wurden überhaupt nicht in Dienst gestellt. Somit blieb nur ein einziges Schiff zur Entsendung aus der Heimat übrig: *Kaiser Wilhelm der Große.* Drei Dampfer konnten sich dem Zugriff der auf sie lauernden englischen Kreuzer beim Verlassen neutraler Häfen entziehen: *Kronprinz Wilhelm* (New York), *Cap Trafalgar* (Buenos Aires) und *Prinz Eitel Friedrich* (Shanghai). Letzterer wurde in Tsingtau mit den Besatzungen der Kanonenboote *Tiger* und *Luchs* unter Mitnahme aller Waffen usw. in Dienst gestellt, *Cap Trafalgar* in ähnlicher Weise durch Kanonenboot *Eber* im Südatlantik, *Kronprinz Wilhelm* im

Für den Dienst als Hilfskreuzer vorgesehene Dampfer
Stand 1914

Reederei	Dienst	Name	Größe BRT	Geschw. kn	Aufenthaltsort bei Kriegsausbruch, weitere Verwendung
Als Hilfskreuzer vorbereitete Dampfer — 1. Linie					
NDL	Nordatlantik	Kaiser Wilhelm der Große	14 349	22,5	4. 8. 1914 aus Bremerhaven ausgelaufen
NDL	Nordatlantik	Kaiser Wilhelm II	19 361	23,5	5. 8. an New York
NDL	Nordatlantik	Kronprinz Wilhelm	15 908	23	In New York, von *Karlsruhe* als Hilfskreuzer ausgerüstet
HSDG	Südamerika	Cap Trafalgar	18 710	18	Zuflucht Buenos Aires, dann von *Eber* als Hilfskreuzer ausgerüstet
HAPAG	Kreuzfahrt	Victoria Luise	16 703	18	Hamburg, 4.–6. 8. in Dienst gestellt
Als Hilfskreuzer vorbereitete Reserveschiffe — 2. Linie					
NDL	Nordatlantik	Kronprinzessin Cecilie	19 503	23,5	Heimreise, zurück nach New York
NDL	Ostasien	Prinz Ludwig	9 687	15,5	Bremerhaven
NDL	Ostasien	Prinz Eitel Friedrich	8 797	15	Shanghai, nach Tsingtau zur Ausrüstung als Hilfskreuzer
HSDG	Südamerika	Cap Polonio	19 300	16	Hamburg, 8. 12. 1915 als *Vineta* kurz in Dienst
Nicht-vorbereitete Reserveschiffe — 3. Linie					
NDL	Nordamerika	George Washington	25 570	19	Unterwegs nach New York, weiter gelaufen
NDL	Nordamerika	Prinz Friedrich Wilhelm	17 082	17,5	Kreuzfahrt Spitzbergen
HAPAG	Nordamerika	Kaiserin Auguste Victoria	24 581	17,5	Hamburg
HSDG	Nordamerika	Cap Finisterre	14 503	17	Hamburg
Vorbereitete Reichspostdampfer — 4. Linie					
NDL	Ostasien	Bülow	8 965	14	Ausreise, Lissabon
NDL	Ostasien	York	8 909	14	Japan, 4. 8. als Versorger zum Kreuzergeschwader
NDL	Ostasien	Göben	8 800	14	Heimreise Vigo
NDL	Ostasien	Kleist	8 959	14	Padang, Sumatra
NDL	Ostasien	Lützow	8 826	14	Suezkanal festgehalten
NDL	Ostasien	Derfflinger	9 060	14	Port Said
DOAL	Afrika	Kigoma	8 156	14	ausreisend, um Schottland heimgekehrt, 1915 Truppentransporte Ostsee, 1919 Heimkehrer Scapa Flow
Nicht-vorbereitete Dampfer					
NDL	Genua— New York	Berlin	17 324	16,5	Zufällig zur Reparatur in Bremerhaven. Minenleger und Hilfskreuzer

Mittelatlantik durch den Kreuzer *Karlsruhe* unter Abgabe von dessen Hilfskreuzerzuschlag an Waffen und Personal des Kreuzers und mehrerer Handelsschiffe. Durch einen glücklichen Zufall konnte der Schnelldampfer *Berlin* in Bremerhaven repariert werden. Seine Ausrüstung zum Hilfskreuzer-Minenleger in der Kaiserlichen Werft Wilhelmshaven war Mitte September beendet. Seine Minen brachten den größten Erfolg, den je deutsche Minen erzielt haben: die Versenkung des britischen Großkampfschiffs *Audacious* mit 27 000 ts. Dagegen war sein Einsatz im Handelskrieg völlig erfolglos wegen zu schweren Wetters. Ohne Sachkenntnis gedeutete feindliche Funksprüche bewogen den Kommandanten zum Einlaufen in einen neutralen Hafen.

Der Einsatz der Schnelldampfer litt unter dem gewaltigen Kohlenverbrauch, bis zu 240 t an einem Tage. Die Versorgung mit Kohlen, sei es durch die deutsche Etappenorganisation, sei es durch feindliche Kohlenfrachter, bestimmte weitgehend die Entscheidungen der Kommandanten. Nach wenigen Monaten galt dieser Zwang auch für die kleineren Dampfer wie *Prinz Eitel Friedrich* und *Cormoran*. Ersterer entschloß sich zum Wechsel des Operationsgebiets, letzterer mußte sich internieren lassen. Dennoch ist und bleibt es erstaunlich, was einzelne Schiffe erreicht haben. (Vergleiche dazu auch die nachfolgenden Übersichten.)

Herkunft und Umbau der Hilfskreuzer

Lfd. Nr.	Name	Ex-Name	Reederei	Bau-werft	Bau-jahr	Umbau-werft	Umbau-zeit	Art der Besitz-ergreifung durch das Deutsche Reich	in Dienst gestellt
1	Kaiser Wilhelm der Große		NDL	Vulc. St.	1897	NDL	2.–4. 8.1914		2. 8.1914
2	Cormoran	Rjäsan	RFF	Schi. El.	1909	GWT	4.–7.8.1914	Prise Emden	7. 8.1914
3	Prinz Eitel Friedrich		NDL	Vulc. St.	1904	GWT	2.–5.8.1914		5. 8.1914
4	Kronprinz Wilhelm		NDL	Vulc. St.	1901	–	6. 8.1914		6. 8.1914
5	Cap Trafalgar		HSDG	Vulc. Hbg.	1913	–	31.8.1914		31. 8.1914
6	Berlin		NDL	Weser	1908	KWW	Sept. 1914		28. 9.1914
7	Vineta	Cap Polonio	HSDG	B & V	1914	B & V	1914–II 1915		8. 2.1915
8	Meteor	Vienna/brit.	Currie	R&F	1903	KWW	1915	Embargo Hamburg	6. 5.1915
9*	Möwe (zeitw. Vineta)	Pungo	Laeisz	Teckl.	1914	KWW	1915		1.11.1915
10	Wolf (I)	Belgravia	HAPAG	Work	1906	KWW	1916		14. 1.1916
11	Greif	Guben	DADG	Neptun	1914	KWK	1915		23. 1.1916
12	Wolf (II)	Wachtfels	Hansa	FSG	1913	KWW	1916		16. 5.1916
13	Seeadler	Pass of Balmaha	R. Plate	Duncan	1878	Teckl.	1916	Prise U 36	2.12.1916
14	Geier	Saint Theodore	B&F	Ham	1913	–	28.12.1916	Prise Möwe	28.12.1916
15	Leopard	Yarrowdale	R. M.	Dobs	1912	KWK	1916	Prise Möwe	9. 1.1917
16	Iltis	Turritella ex Gutenfels	A-S Hansa	FSG	1905		27.2.1917	Prise Wolf	27. 2.1917
17	Orion	Kurmark	HAPAG	B & V	1930	B & V	1939/40		9.12.1939
18	Atlantis	Goldenfels	Hansa	Br.Vulk.	1937	Desch.	1939/40		30.11.1939
19	Widder	Neumark	HAPAG	How. K.	1930	B & V	1939/40		9.12.1939
20	Thor	Santa Cruz	OPDR	DWH	1938	DWH	1939/40		15. 3.1940
21	Pinguin	Kandelfels	Hansa	Weser	1936	Desch.	1939/40		6. 2.1940
22	Stier	Cairo	ALL	Germ.	1936	WOK	1941/42		10. 5.1942
23	Komet	Ems	NDL	DWH	1937	How. H.	1939/40		2. 6.1940
24	Kormoran	Steiermark	HAPAG	Germ.	1938	DWH	1940		9.10.1940
25	Michel	Bielsko-Bonn	GAL	D.W.	1939	Dz. W.	1940	Beute in Danzig	17. 9.1942
26	Coronel	Togo	Woerm.	Br.Vulk.	1938	WB & V	1941		Dez. 1942
27	Hansa	Meersburg ex Glengarry	HAPAG	B&W Glen	1939	WB & V	1942/43	Beschlagnahmt in Kopenhagen	1943

*) Der Abdruck des Dienstsiegels des Hilfskreuzers *Möwe* beweist, daß der Name mit »v« geschrieben worden ist – im Gegensatz zu allen späteren und heutigen Veröffentlichungen.

Größe, Gewicht, Abmessungen und Antriebsanlagen

Lfd. Nr.	Name	Größe BRT	Gewicht t	Größte Länge m	Breite m	Tief-gang m	Seiten-höhe m	Antriebs-Leistung*	Geschw. kn	Schiffart	Anz. der Decks	Anz. der Luken	Anz. der Abt.	Antriebsanlage (K = Kessel)	Zahl der Prop.
X	Normannia	8716	15 500	159,0	17,5	6,1	10,5	14 000	20	P	4		11	2 3-Zyl-III Exp K: 6	2
1	Kaiser Wilhelm der Große	14349	24 300	198,0	20,1	8,4	11,9	28 000	22,5	P	4		16	2 3-Zyl-III Exp K: 14	2
2	Cormoran	3433	7 250	104,0	13,7	5,8	9,2	4 750	13	F	3	4	8	1 3-Zyl-III Exp K: 4	1
3	Prinz Eitel Friedrich	8797	16 000	153,3	16,9	7,1	9,8	7 000	15	P	3		9	2 4-Zyl-IV Exp K: 4	2
4	Kronprinz Wilhelm	14908	24 900	202,2	20,2	8,5	11,9	36 000	23	P	4		17	2 6-Zyl-IV Exp K: 16	2
5	Cap Trafalgar	18710	23 640	186,0	21,9	8,3	13,4		18	P	4		12	2 4-Zyl-II ExpT** K: 14	2
6	Berlin	17324	23 700	186,0	21,3	8,6	11,8	14 000	16,5	P	4		11	2 4-Zyl-IV Exp K: 7	2
7	Vineta	20576	24 500	201,8	22,1	8,4	13,3	16 000	16,9	P	4		12	2 3-Zyl-III ExpT** K: 14	2
8	Meteor	1912	3 640	89,1	11,3	5,1	5,4	2 400	14	F	4	2	7	1 3-Zyl-III Exp K: 2	1
9	Möwe (zeitw. Vineta)	4788	9 800	123,7	14,4	7,2	9,9	3 200	13,3	F	4	4	4	1 3-Zyl-III Exp K: 5	1
10	Wolf (I)	6648	12 900	141,1	16,2	7,8	9,7	3 300	13	F	4	3	9	1 4-Zyl-IV Exp K: 4	1
11	Greif	4962	9 900	131,7	16,4	7,5	8,1	3 000	13	F	5	2	7	1 3-Zyl-III Exp K: 2	1
12	Wolf (II)	5809	11 200	135,0	17,1	7,9	9,0	2 800	10,5	F	5	2	7	1 3-Zyl-III Exp K: 3	1
13	Seeadler	1571	4 500	83,5	11,8	5,5	8,2	900	9	F	5	2	5	1 4-Zyl-Diesel	1
14	Geier	4992	9 700	127,2	15,8	6,4	8,3	1 800	12,6	F	4	2	7	1 3-Zyl-III Exp K: 2	1
15	Leopard	4652	9 800	124,7	15,8	7,4	8,1	2 400	13	F	5	2	7	1 3-Zyl-III Exp K: 2	1
16	Iltis	5528	1 070	135,2	16,9	6,1	.	2 600	11	F	5	2	7	1 4-Zyl-IV Exp K: 3	1
17	Orion	7021	15 700	148	18,6	8,2	12,1	6 200	14	F	2	6	9	1 Getriebeturbine K: 4	1
18	Atlantis	7862	17 600	155	18,7	8,7	10,2	7 600	16	F	2	6	8	1 6-Zyl-Diesel	1
19	Widder	7851	16 800	152	18,2	8,3	12,2	6 200	14	F	2	6	7	1 Getriebeturbine K: 4	1
20	Thor	3862	9 200	122	16,7	7,1	10,5	6 500	18	F	3	4	7	1 Getriebeturbine K: 4	1
21	Pinguin	7766	17 600	155	18,7	8,7	10,2	7 600	17	F	2	6	7	2 6-Zyl-Diesel	2
22	Stier	4778	11 000	134	17,3	7,2	10,3	3 750	14	F	2	5	7	1 7-Zyl-Diesel	1
23	Komet	3287	7 500	115	15,3	6,5	6,8	3 900	16	F	3	4	7	2 6-Zyl-Diesel	2
24	Kormoran	8736	19 900	164	20,2	8,5	12,9	16 000	18	F	3	6	6	4 9-Zyl-Diesel/2 E-Mot.	4
25	Michel	4740	10 900	132	16,8	7,4	7,4	6 650	16	F	2	5	8	2 8-Zyl-Diesel	2
26	Coronel	5042	12 700	134	17,9	7,9	12,9	5 100	16	F	3	6	6	4 9-Zyl-Diesel	4
27	Hansa	9138	19 200	153	20,1	8,7	.	9 000	17	F	3	6	.	2 6-Zyl-Diesel	2

*Dampfmaschine = PSi
Turbine = PSw
Motoren = PSe

**III ExpT = Dreifach-Expansionsmaschiner mit Abdampfturbine

Die Bezeichnungen und Namen
der deutschen Hilfskreuzer des II. Weltkriegs

Schwerer oder Leichter Hilfs-kreuzer	HSK Nr.	Schiff Nr.	Name	Bezeichnung im englischen Nachrichten-dienst	Name des bzw. der Kommandanten
				raider	
S	1	36	Orion	A	Weyher
S	2	16	Atlantis	C	Rogge
S	3	21	Widder	D	v. Ruckteschell
L	4	10	Thor	E	Kähler, Gumprich
S	5	33	Pinguin	F	Krüder
L	6	23	Stier	J	Gerlach
L	7	45	Komet	B	Eyssen, Brocksien
S	8	41	Kormoran	G	Detmers
S	9	28	Michel	H	v. Ruckteschell, Gumprich
S	10	14	Coronel	.	Thienemann
S	5	.	.	—	Henigst

Fahrbereiche und Seeausdauer

Lfd. Nr.	Name	Brennstoff Kohle Öl	Vorrat t	Geschw. kn	Fahrbereich sm	bei kn	Seeaus-dauer Tage
1	Kaiser Wilhelm der Große	K	5 000	22	5 000	18	11
					17 000	12	11
2	Cormoran	K	2 500	15	13 500	14	40
3	Prinz Eitel Freidrich	K	10 000	15	10 000	14	30
4	Kronprinz Wilhelm	K	4 800	23	4 800	18	11
					17 500	12	
5	Cap Trafalgar	K	5 100	18	7 100	15	19
6	Berlin	K	4 000	16	4 000	10	16
7	Vineta	K	5 000	17	7 000	15	19
8	Meteor	K	4 000	14	9 000	9	41
9	Möwe (zeitw. Vineta)	K	3 441	13	8 700	12	23
10	Wolf (I)	K	5 900	13	30 000	10	125
11	Greif	K	6 000	13	35 000	10	145
12	Wolf (II)	K	6 300	10	42 000	9	194
13	Seeadler	Ö	2 100 + Segel	9	4 000 +?	9 +?	?18 +?
14	Geier	K	.	12	.	.	.
15	Leopard	K	4 500	13	26 000	11	94
16	Iltis	K	.		.	.	.
17	Orion	Ö	4 100	14	35 000	10	145
18	Atlantis	Ö	3 000	16	60 000	10	250
19	Widder	Ö	4 500	14	34 000	10	141
20	Thor	Ö	3 144	18	40 000	10	166
21	Pinguin	Ö	3 000	17	60 000	12	207
22	Stier	Ö	3 200	14	50 000	12	173
23	Komet	Ö	2 485	16	5 100	9	236
24	Kormoran	Ö	5 200	18	84 500	10	352
					74 000	13	237
					50 000	17	162
25	Michel	Ö	2 500	16	34 000	10	141
26	Coronel	Ö	2 600	17	36 000	10	150
27	Hansa	Ö	4 500	16	65 000	15	176

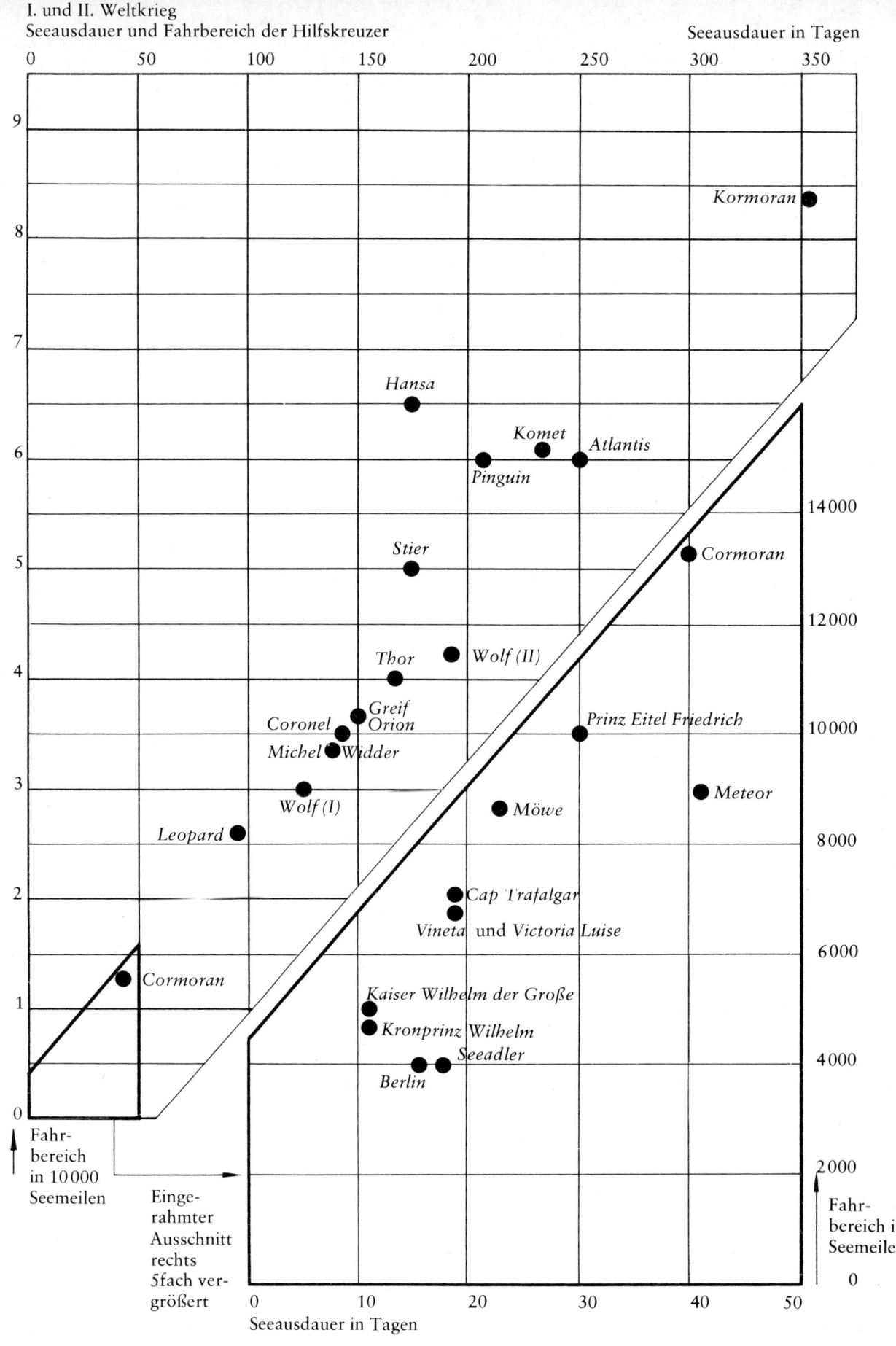

I. und II. Weltkrieg
Seeausdauer und Fahrbereich der Hilfskreuzer

Seeausdauer in Tagen

Die militärischen Einrichtungen

Tarnen und Täuschen

Dem Wesen des Hilfskreuzers entspricht es, wenn 1. die wahre Absicht des so friedlich erscheinenden Schiffes möglichst lange nicht erkannt wird, besser noch wenn dem Entgegenkommer ein in diesen Teil des Ozeans gehörendes Schiff vorgetäuscht wird, und wenn 2. dieses Schiff in der Lage ist, unter Beachtung der Gesetze und Regeln dem Entgegenkommer seinen Willen aufzuzwingen.

Das bedeutet mit anderen Worten, daß die zu Punkt 2 gehörenden Einrichtungen durch Maßnahmen zu Punkt 1 solange unbemerkt bleiben müssen, wie das anzuhaltende Schiff getäuscht werden soll.

Die Maßnahmen zu Punkt 1 schließen alles ein, was den kriegerischen Auftrag des Hilfskreuzers verbirgt. Er gilt einem Beobachter eben als Handelsschiff. Die kriegerischen Einrichtungen werden getarnt.

Wenn ein Schiff der Deutschen Dampfschiffahrtsgesellschaft »Hansa«, deren Dienst Europa mit Vorder- und Hinterindien verbindet, wobei der Suez-Kanal benutzt wird, in der Karibik gesehen wird, so wird sich jeder einigermaßen wache Seemann fragen, was das Schiff will. Hätte das in der Karibik gesehene Schiff aber nicht nur die Schornsteinmarke der HAPAG, sondern auch den Anstrich und die Form des Rumpfes und der Aufbauten wie ein HAPAG-Schiff, würde kaum ein Seemann von diesem Schiff Kenntnis nehmen. Wieviel größer ist aber im Kriege das Mißtrauen gegenüber jedem anderen Schiff! Und wieviel mehr muß alles überlegt, bereitgelegt und einexerziert werden, wenn man als Hilfskreuzerkommandant den fremden Kapitän über die eigenen Absichten täuschen will. Der Kurs in dem jeweiligen Seegebiet muß wahrscheinlich sein. Die Sauberkeit der Schiffe der einen oder anderen Reederei ist bekannt. Einzelne Reedereien bevorzugen bestimmte Werften und deren Eigentümlichkeiten, die praktisch noch zu erkennen sind, wenn das Schiff in anderen Händen ist. Dem Hilfskreuzer *Pinguin* wird zum Verhängnis, daß der den Hilfskreuzer umkreisende britische Pilot keine Farbigen unter der Besatzung entdecken kann, nachdem er mißtrauisch bis zum äußersten das Schiff mehrfach umkreist hat. Die Täuschung erstreckt sich aber nicht nur auf Äußerlichkeiten. Auch das betont langsame Beantworten von Anrufen, eine gewisse Dickfelligkeit und unter Umständen auch vorgespielte Schlamperei helfen aufmerksame Kapitäne zu täuschen.

Die Tarnung besteht letzten Endes darin, die militärischen Einrichtungen so zu verbergen, daß sie nicht erkannt, aber im entscheidenden Augenblick dennoch, d. h. unter Preisgabe der Tarnung gebraucht werden können. Daher werden Geschütze, Torpedorohre und Leit- und Meßgeräte durch Überbauten verdeckt oder durch Anbauten in ihren Umrissen entstellt. Nahezu alle Bilder bieten hierfür Anschauungsmaterial. Blechwände, Klappen zum Fallenlassen oder zum Anheben mit Federn und Gegengewichten, Verkleidungen in der Form von Deckshäusern, Kabeltrommeln und Lokomotivkesseln, von Rettungsbooten und Flößen werden in mannigfacher Weise gebaut, wobei einer vernünftigen Phantasie keine Grenzen gesetzt sind. Mit Blitzgeschwindigkeit muß der ganze »Zauber« verschwinden und keine Waffe mehr behindern.

Um unter Berücksichtigung des augenblicklichen Aufenthaltsortes ein Schiff einer bestimmten Reederei vorzutäuschen, müssen die wenigen Unterlagen sehr eingehend durchgearbeitet werden. Hierbei sind die vielen aus der Handelsmarine kommenden Reserveoffiziere zuverlässige Ratgeber. Aus dieser Rücksicht heraus erklärt sich auch, daß durch Versetzen von Masten, Ladepfosten und Booten, durch Verlängern, Verkürzen oder Erhöhen der Bordwand, durch Änderung des Schornstein-Umrisses, Ein- und Ausfahren von Stengen, vor allem aber durch Ummalen des Rumpfes und der Aufbauten wie insbesondere der Schornsteinmarke das vorzutäuschende Schiff ständig wechselt, wechseln muß! Hierbei müssen auch die von den Feindmächten angeordneten Maßnahmen (Aufmalen der Nationalflagge auf die Bordwand, dazu Schiffsname und Heimatland), die nicht immer auf den deutschen Hilfskreuzern bekannt sein können, beachtet werden. So wird dieser Teil des Krieges mit Schweißbrenner, Säge und Pinsel geführt, auch bei Nacht, ja gerade bei Nacht, denn man darf nicht Gefahr laufen, halb wie ein Schiff der Ben Line, halb wie eines der Bank Line auszusehen. Hätten kennzeichnende Einzelheiten einer Reederei nicht übereingestimmt, wäre jeder Handelsschiffskapitän das Mißtrauen in Person gewesen und hätte höchstwahrscheinlich vorsorglich das seltsame Fahrzeug per Funk gemeldet... und »das Wild wäre durch die Lappen gegangen«, wenn hier dieser Jagdausdruck erlaubt ist.

Orion als Niederländer *Beemsterdijk* getarnt.

Orion verändert seine Bordwand durch Ansetzen von Blech auf die bisherige Wand vor dem Brückenaufbau.

Orion als brasilianisches Schiff *Mandu* getarnt.

Orion überprüft die Tarnung des Backbord-Torpedo-Drillingsrohrsatzes auf gute Gängigkeit.

Auf *Orion* wird der vorderste Ladepfosten verkürzt, wodurch das Schiff ein ganz anderes Erscheinungsbild erhält und von der auf der Feindseite verbreiteten Beschreibung abweicht.

Orion mit nur noch einem kurzen anstatt zwei langen Ladepfosten.

Orion als Schwede. Die Bordwand läuft vom Seitendeck weit nach vorn in gleicher Höhe durch. An die Schornsteine angesetzte Blechdreiecke erwecken den Eindruck, als ob der Schornstein nach achtern geneigt ist. Schwedische Flagge, die Aufschrift »SVERIGE« und der Anstrich von Rumpf, Aufbauten und Schornstein verstärken das harmlose Bild des Hilfskreuzers.

Die Waffen

Die 1941 mobilmachungsmäßig ausgerüsteten Hilfskreuzer haben als Bewaffnung nur Geschütze an Bord. Die Sperrwaffe zieht schon im September mit Minen auf die *Berlin* und 1915 auf *Meteor*. Dieser Hilfskreuzer erhält zur Nahverteidigung zwei Torpedorohre, mit denen er sich erfolgreich gegen den britischen Hilfskreuzer *The Ramsay* wehrt. Sowohl bei *Möwe* wie auch bei *Wolf* spielen Minenaufgaben bei Beginn der Unternehmungen die bedeutendste Rolle. Sperr- und Torpedowaffe werden auf den folgenden Seiten behandelt, als erste Waffe hier die Artillerie.

Die Artillerie

Bei der geringen Bewertung der Hilfskreuzer darf man sich nicht wundern, wenn 1914 nur zweitklassiges Material bereitgestellt ist, dessen Einzelheiten in der Übersicht auf den Seiten 70 und 71 enthalten sind. Munitionsmangel zwingt *Kronprinz Wilhelm* zum Rammen einiger Schiffe! Die Hilfskreuzer sind im I. wie im II. Weltkrieg jedem Kreuzer unterlegen. Die Feuerleiteinrichtungen sind primitiv, einfach und robust und bestehen meistens nur aus Fernsprechverbindungen zwischen dem Artillerie-Offizier und den Geschützen; die Leitung wird durch einige Hilfsgeräte (Entfernungs- bzw. Gang-Uhr, Anzeiger für Entfernungsunterschied je Minute und Seitenvorhalt, Windscheibe) unterstützt, bis ab *Wolf* die Technik auch den Weg zu den Hilfskreuzern findet: ein stereoskopisches Entfernungsmeßgerät und die elektrische Übertragung der Zielseiteneinrichtung an die Geschütze von einem Leitgerät aus. Im II. Weltkrieg wird diese Ausstattung durch elektrische Höhenweiser ergänzt und durch moderne und zusätzliche Geräte verbessert. Das Geschützmaterial bleibt bis in den II. Weltkrieg hinein »zweite Wahl«, wenn auch durch moderne mittlere und leichte Flak den Anforderungen der Zeit angepaßt. Dagegen sind die als »Anhaltegeschütz« gedachten 6-cm- und 3-cm-Pak ausgesprochene Fehlgriffe – wenn auch gut gemeint. Der Hauptanteil der 15-cm-Geschütze im II. Weltkrieg stammt von den Linienschiffen *Schleswig-Holstein* bzw. *Schlesien*. Die Geschütze werden vor dem Einbau überholt. Wie weit die große Längenstreuung dieser angeblich »ausgeschossenen« Geschütze auf der Zahl der aus ihnen abgegebenen Schüsse oder auf dem relativ weichen Bau der Handelsschiffsrümpfe beruht, läßt sich heute nicht mehr nachprüfen.

Die Munitionsarten und Mengen sind offensichtlich in Ordnung. Daß die Munition durch gleichmäßige Temperatur gut gepflegt wird, ist im II. Weltkrieg eine Selbstverständlichkeit, ebenso wie die Möglichkeit, die Munitionskammern bei Feuergefahr unter Wasser zu setzen. Der Transport der Munition von der Kammer zum Geschütz wird immer schneller möglich.

Zur Bewaffnung der Untersuchungs- und Prisenkommandos zählen von Anfang an Handwaffen (Gewehre, Pistolen, Seitengewehre und auch gelegentlich Maschinengewehre).

Zerlegbares 8,8-cm-Geschütz auf *Kronprinz Wilhelm*. Zur Ausrüstung eines Hilfskreuzers führt Kreuzer *Karlsruhe* zwei derartige Geschütze mit sich, die bei der Indienststellung des Schnelldampfers übergeben und aufgestellt werden. Die Bedienung exerziert unter Aufsicht des Leutnants z.S. Biermann, der bei der Flucht aus der amerikanischen Internierung mit dem Segler *Ecclipse* untergeht.

Torpedorohr und 15-cm-Geschütz auf *Wolf* vor der Brücke an Steuerbord. Das vorderste Geschütz steht innerhalb der erhöhten Back. Seine Mündung ist im Winkel zwischen Bordwand und Geschützrohr eben sichtbar. Die umklappbare Reeling ist nach außen umgelegt. Auf dem Torpedorohr der Rohrzielapparat, ein einfaches Gerät mit einer Visiereinrichtung, um – nach Bestimmung des Vorhaltewinkels aus Geschwindigkeit des Gegners und des Torpedos und dem Winkel zwischen Gegnerkurs und voraussichtlichem Torpedokurs (Schneidewinkel) – auch vom Rohr aus den Torpedo »losmachen« zu können.

Die Backbord vorderen 15-cm-Geschütze auf Hilfskreuzer *Atlantis*. Deutlich ist zu erkennen, daß die Tarnblenden hier erstmals nach oben geklappt werden. Diese Bauweise arbeitete schneller, ließ sich aber z. B. bei *Orion* wegen der anderen Verteilung der Stagen (feste Trossen zur Stützung der Masten) nicht anwenden.

Zwei 15-cm-Geschütze auf Hilfskreuzer *Widder*. Über dem Splitterschutz, der den ehemaligen Kasemattengeschützen angebaut worden ist, erhebt sich beim Geschütz im Vordergrund eine Tarnung, die einer riesigen Kabeltrommel ähnelt. Die »Ansetzernummer« hebt den Ansetzer hoch, mit dem er nach Fallen des Schusses die nächste Granate und die neue Kartusche in das Rohrinnere »ansetzen« wird. Ein gleichmäßiges Ansetzen hält die Streuung klein. So ist auch dieser Mann ein wichtiges Rad in dem Getriebe, das zum Erfolg führt.

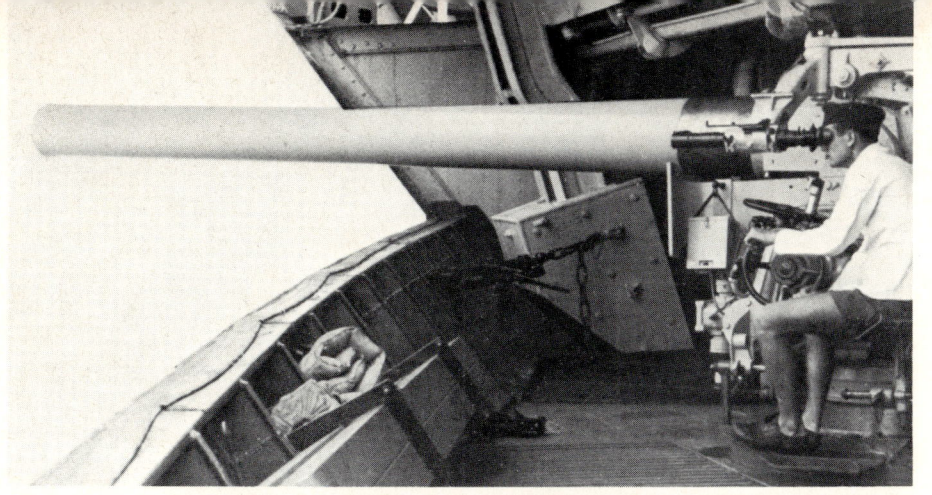

Das obere Bild zeigt das vorderste und das untere Bild das nächste 15-cm-Geschütz an Backbordseite vorn auf *Michel*. Die Tarnblenden werden durch Federkraft und Gegengewichte blitzschnell gehoben und geben dem Geschütz das Schußfeld frei. Links vorne sitzt der Höhenrichtmann, rechts (nicht sichtbar) der Seitenrichtmann. Der Befehlsübermittler (mit Fernsprechgeschirr) hält die Verbindung zum Artillerieoffizier aufrecht, wiederholt dessen Befehle, stellt Seiten- und Höhenvorhalt ein und meldet das Geschütz feuerbereit usw. Hinter dem Bodenstück des Geschützes stehen Lademannschaften und – rechts – der Verschlußmann.

Übungsschießen der Artillerie auf *Widder*. Nur die 15-cm-Geschütze sind beteiligt, denn das 2-cm-MG C/30 auf der Back ist bezogen und unbesetzt. Der Schuß ist gerade gefallen, denn das Rohr ist noch zurückgelaufen, wobei sich der Verschluß noch nicht öffnet. Der Pulverqualm ist von der Mündung herübergeweht.

Diese vier Bilder zeigen verschiedenartig
getarnte 15-cm-Geschütze auf *Orion*,
auf der achteren Luke als Rettungsfloß
getarnt, auf dem Vordeck mit dem
Äußeren eines Lokomotivkessels, als
Deckshaus mit Klappwänden und als
Deckshaus auf dem Heckaufbau. Das
Boot ist nur Tarnung und fällt bei »Enttarnen!« herunter. Die Geschützmün-
dung ist gleich links neben dem Ventila-
torkopf (»Windhutze«) zu sehen.

Die Torpedowaffe

Auf *Normannia* sind Torpedorohre nur als Bewaffnung der Dampfbarkassen eingebaut. *Meteor* erhält als erster Hilfskreuzer zur Verteidigung im Nahgefecht vor der Brücke an jeder Seite ein Torpedorohr, welches ausgeschwenkt, dann aber festgesetzt wird. Das bedeutet, daß nach Bildung des Vorhaltwinkels das Schiff solange nach der einen oder anderen Seite drehen muß, bis das Ziel in die Visierlinie eingewandert ist. Erst dann kann der Torpedo losgemacht werden. Auf *Möwe* und *Wolf* können die Rohre in verschiedenen Richtungen festgesetzt werden, um dieses Schwenken mit dem Schiff abzukürzen. Der Kommandant der *Orion* hat erkannt, daß sein Schiff der langsamste Hilfskreuzer sein wird und beantragt daher mit Erfolg den Einbau von zwei Drillingsrohrsätzen, die auch während des Angriffs laufend geschwenkt werden können. Hierdurch ist *Orion* in seinem taktischen Verhalten weniger eingeschränkt. Die weiteren Hilfskreuzer erhalten Einzel- oder Doppelrohre mit festen Rohrstellungen über Wasser. Da der Aufprall des Torpedos an den Wasserspritzern weithin zu sehen ist und damit den Torpedoschuß verrät, erhalten die letzten Hilfskreuzer zusätzlich zu den Decksrohren Unterwasserrohre mit fester Rohrstellung (vermutlich genau querab). Im I. Weltkrieg wird durchweg der Torpedo »G 7«, im II. Weltkrieg der »G 7a« verschossen.

Beide Torpedotypen können auf kurze Strecken schnell und auf lange Strecken langsam laufen. Bei der für das Nahgefecht vorgesehenen Verwendung wird daher eine große Torpedogeschwindigkeit eingestellt. Die Torpedos haben sich in manchem Nahgefecht bewährt, begonnen bei der Versenkung des britischen Hilfskreuzers *The Ramsay* durch *Meteor* und schließlich bei der Vernichtung des leichten Kreuzers *Sydney* durch *Kormoran*.

Im I. Weltkrieg werden die Torpedos durch direkten Aufschlag des im Kopf angebrachten Zünders gegen die Bordwand gezündet, im II. Weltkrieg ebenso, aber auch wahlweise durch magnetische Zündung, indem der Torpedo das Ziel unterfährt und so in dessen Magnetfeld gerät.

Torpedoeinstellungen
bei der Versenkung des D. *Empire March*
durch Hilfskreuzer *Michel* und LS-Boot *Esau*
am 2.1.1943

	Michel Steuerbord Überwasserrohr	Backbord	*Esau* Steuerbord Heckrohr	Backbord
Torpedotyp	G 7v	G 7v	F 1	F 2
Torpedogeschw. kn	32	40	30	30
Eingest. Tiefe m	3	3	3	3
Sicherheitsabstand m	300	150	150	150
Laufstrecke m	3 500	3000	Größte	Größte

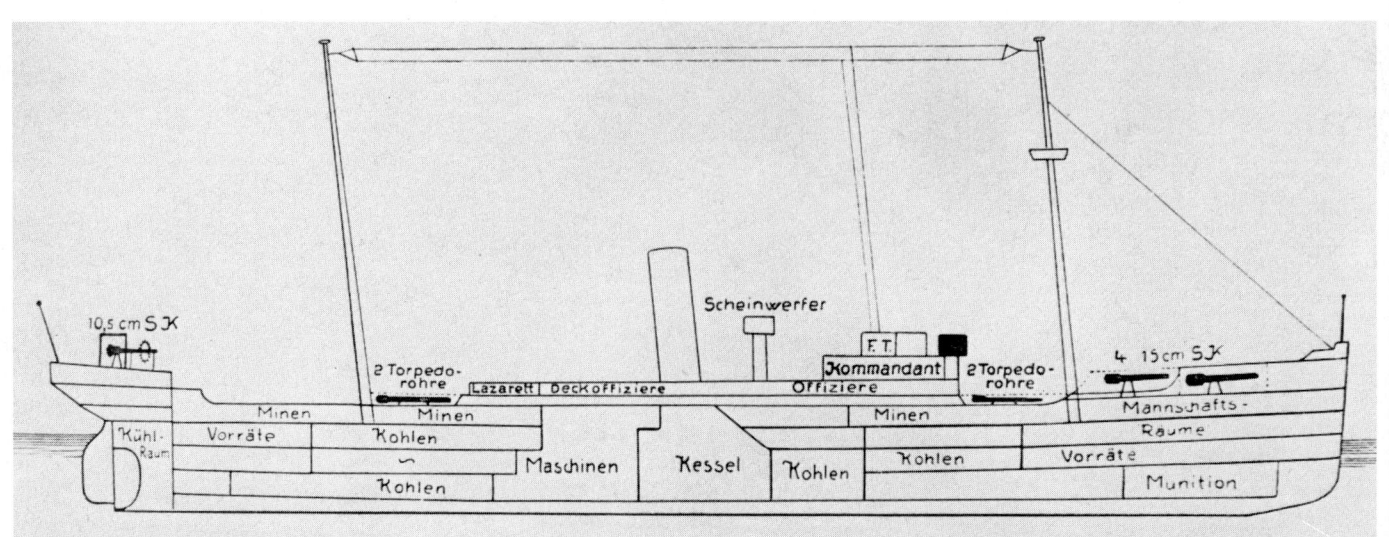

Anordnung der Räume auf *Möwe*. Kommandant und Offiziere wohnen nächst der Brücke, weil sie am schnellsten auf ihren Gefechtsstationen sein müssen. Das Lazarett ist an Oberdeck, um Tageslicht und frische Luft in den Krankenräumen zu haben. Beiderseits des Maschinenkomplexes zieht sich eine Minenbahn vom vorderen Minendeck zum Heck hin. Die Munition wird auf möglichst kurzem, senkrechten Wege zu den Geschützen gefördert. Ein Teil der Laderäume dient als Kohlenbunker.

Links oben:
Auf *Möwe* während der zweiten Fahrt.
Blick vom Mittelaufbau achteraus auf
ein Rettungsfloß (an Deck liegend), den
achteren Reservetorpedo (im ca. 7 m
langen Behälter entlang der Bordwand),
das anschließende achtere, schwenkbare
Torpedorohr, die achteren Lukendeckel
und Winschen sowie den Heckaufbau,
die »Poop« mit Reservesteuerrad und
Magnetkompaß.

Rechts oben:
Torpedoschuß auf *Widder*. Der Torpedo hat etwa zur Hälfte das Rohr verlassen und hängt noch mit seiner »Hänge-
warze« in der T-förmigen Nut des weit
hervorragenden Löffels des Rohres. Erst
wenn am Ende des Rohres die Warze
den Halt verliert, fällt der Torpedo, wobei er seine Ausstoßgeschwindigkeit von
25 m/s beibehält.

Rechts unten:
Torpedoschuß auf *Widder*, aus der Öff-
nung in der Bordwand gesehen.

Minen

Der unauffällige, typisch englisch aussehende Hilfskreuzer *Meteor* ist der erste Minenleger unter den Hilfskreuzern, wenn man von dem hauptsächlich als Minenleger bestimmten Schnelldampfer *Berlin* absieht. Eine *Berlin*-Mine erzielt den überhaupt größten Erfolg im Minenkrieg gegen England: die Versenkung des Großkampfschiffs *Audacious*. Die Minen von *Meteor* und *Möwe* verursachen viel Unruhe und Minenräumarbeit, nachdem die Sperren durch das Sinken dreier Dampfer auf *Meteor*-Sperren und eines Linienschiffs und zweier Dampfer auf *Möwe*-Sperren bekannt geworden sind. Den größten Minenerfolg im Handelskrieg – nur die gesunkenen (!) Schiffe gerechnet – erzielt *Wolf* mit 13 Frachtern mit insgesamt 75 688 BRT. Auf *Orion*-Sperren sinken nur zwei Schiffe (14 342 BRT), auf Minen von *Pinguin,* durch *Pinguin* und *Passat* geworfen, vier Schiffe (18 068 BRT).

Zu erwähnen sind hier auch die von Leichten Schnellbooten zu werfenden Minen, auf die im Abschnitt »Torpedotragende Beiboote« ausführlich eingegangen wird. Die Daten dieses Minentyps werden zu Vergleichszwecken bereits hier aufgeführt.

Angaben über die im II. Weltkrieg auf Hilfskreuzern eingeschifften Minen

		EMC	TMB II
Gesamtgewicht	kg	1135	740
Ladungsgewicht	kg	250	540
Gesamthöhe	mm	1940	560
Länge im Gleis	mm	1235	2306
Sicherheitsabstand	m	100	130
(in der Sperre von Mine zu Mine)			

Höchstfahrt des Minenlegers bei einer Abwurfhöhe von

4,5 m	25 kn	22 kn
5,0 m	18 kn	18 kn

Zum Wurf vom Hilfskreuzer aus:

EMC, d. h. Elektrische Mine. Typ C: Durch Berühren einer Bleiklappe bricht ein säuregefüllter Glasbehälter. Die Säure fließt über bestimmte Platten und erzeugt einen Zündstrom.

Die EMC sitzt auf einem Stuhl, der auf vier Rädern in Schienen gerollt wird. Ein fünftes Rad hält die Verbindung Mine–Stuhl so lange fest, bis es sich nach dem Wurf frei bewegen kann und die Verbindung löst. Zugleich fällt ein Voreilgewicht an einer Voreilleine, die so lang ist wie die beabsichtigte Tauchtiefe der Mine, d. h. die Strecke zwischen Oberkante Mine und Wasseroberfläche. Zunächst bleibt die Mine unter Abspulen des Ankertaus zwischen Stuhl und Mine an der Oberfläche. Berührt das Voreilgewicht den Meeresboden, so entspannt sich die Voreilleine. Hierdurch wird das Ankertau abgebremst, so daß nun der schwere Stuhl die Mine in die beabsichtigte Tiefe zieht.

Zum Ausstoß vom LS-Boot aus:

TMB, d. h. Mine vom Typ B, die in ein Torpedorohr geladen und von dort ausgestoßen werden kann, z. B. vom getauchten U-Boot. Diese Mine ist eine Grundmine mit Fernzündung, d. h. sie liegt auf dem Grund und wird durch die von einem passierenden Schiff bewirkte Änderung des Magnetfeldes gezündet. Kaliber der Mine 53 cm (= Torpedokaliber).

Bei beiden Minentypen wird die Zündung je nach eingesetzter Entsicherung nach 25–50 bzw. nach 10–30 Minuten scharf.

Zum Sperrwesen gehören auch die Sprengpatronen verschiedener Ladungsmengen (bis zu 50 kg), mit denen aufgebrachte Schiffe bei geringem Aufwand versenkt werden. Mit den Sprengladungen werden die Eintritts- oder Austrittsöffnungen für Kühlwasser oder für Gebrauchswasser (z. B. Deckreinigen und Feuerlöschen) zerstört, so daß das Seewasser mit möglichst großem Querschnitt einströmen kann. Die Sprengladung wird mit einer Zündschnur gezündet, deren Länge von der gewünschten Zeit abhängt.

Minenwurfbühne – hier auf dem Hilfsminenleger *Bulgaria* – wie sie ähnlich auch auf den Hilfskreuzern bestanden hat, jedoch innerhalb des Rumpfes und durch Klappen zu verschließen und zu tarnen.

Hilfskreuzer *Möwe* – getarnt als »Hilfs-dampfer 10« (siehe die Aufschrift am Schornstein) – liegt längsseit des als Minenschiff dienenden Eisenbahnfähr-schiffs *Deutschland*. Zwischen dem Drehkreuz des Torpedorohrs und den achteren Lukendeckeln liegen die Minenschienen, aus zwei gegenüberliegenden U-Eisen gebildet, mit dem Deck losnehmbar verschraubt. Die Schienen führen im Seitendeck bis in Höhe des vorderen Minenlagerraums, wo die Minen in die Schienen gesetzt werden.

Mine EMC an Deck abgesetzt.

Mine EMC hängt im Kran. Deutlich sind die Achsen mit den vier Laufrollen und das als »Fühler« dienende fünfte Rad sichtbar.

Blick auf die Minenschienen auf *Möwe*. Im Vordergund eine »Einreihstelle« dort, wo ein Schienenstück fortgenommen worden ist, um an dieser Stelle Minen aus dem achteren Lagerraum einsetzen zu können. Links daneben die gegen Betreten gesicherte, aus Ketten, Stangen und Umlenkrolle bestehende »Ruderleitung« als Verbindung der Steuerstelle auf der Brücke mit dem Ruder.

Minen des Typs EMC werden im Minendeck des Hilfskreuzers *Orion* durch Einsetzen der stoßempfindlichen »Hörner« zum Wurf vorbereitet.

Pinguin übergibt mit dem Verkehrsboot Minen an *Passat*.

Der Bordnachrichtendienst

Entsprechend der gewandelten Bedeutung der verschiedenen Fernmeldemittel gibt es im I. Weltkrieg einen Signaloffizier für den optischen Signaldienst und einen F. T. O., einen Funktelegraphie-Offizier. Schon vor dem II. Weltkrieg werden alle Fernmeldemittel und das zugehörige Personal unter dem Bordnachrichtenoffizier zusammengefaßt. Auf den Hilfskreuzern spielt auch während des II. Weltkriegs im Verkehr mit anzuhaltenden Schiffen das Internationale Signalbuch mit seinen Flaggen eine Rolle, wird aber mehr und mehr durch das Funkwesen in den Hintergrund gedrängt.

Leider ist nur das untenstehende Bild vom Funkraum auf *Michel* bekannt. Bilder von Funkpeilern, Schlüsselmaschinen und Arbeitsplätzen der Beobachtungsdienstgruppen sind nicht aufzufinden und vermutlich nie gemacht worden, weil sie streng verboten gewesen sind.

Zur Nachrichtenbeschaffung gehört die Überwachung des gesamten Funkverkehrs, soweit er irgendwie für das Schiff von Bedeutung ist. Aus belanglos erscheinenden Funksprüchen sind – richtig ausgewertet und mit anderen Nachrichten zusammengesetzt – Erfolge geworden, unmittelbare Erfolge durch Versenkung oder Aufbringung, mittelbar aber auch dadurch, daß der Hilfskreuzer vor einem überlegenen Kreuzer gewarnt wird.

Immer wieder wird berichtet, wie Meldungen des Funkraums unverzüglich in Entscheidungen und Befehle des Kommandanten umgesetzt werden. Dieses gilt vor allem bei der Beobachtung des Funkverkehrs eines gerade angehaltenen oder zum Stoppen aufgeforderten Schiffes. Die Meldung »Dampfer funkt!« löst den Befehl »Artillerie Feuererlaubnis!« aus und entscheidet damit über Menschenleben und Schicksal des beschossenen Schiffes.

Wie stark eine verantwortungslose Funkmannschaft das Schicksal eines Hilfskreuzers negativ beeinflussen kann, zeigt der Entschluß des *Berlin*-Kommandanten, nach Drontheim einzulaufen, weil er ein Durchkommen durch die englische Bewachung zwischen Schottland und Norwegen für völlig ausgeschlossen halten muß. Wie sich sehr bald ergibt, haben die ihm gemeldeten, in der nördlichen Nordsee kreuzenden, riesigen Schiffsverbände der »Grand Fleet« nur im Kopf seines »F. T. Maschinisten« existiert.

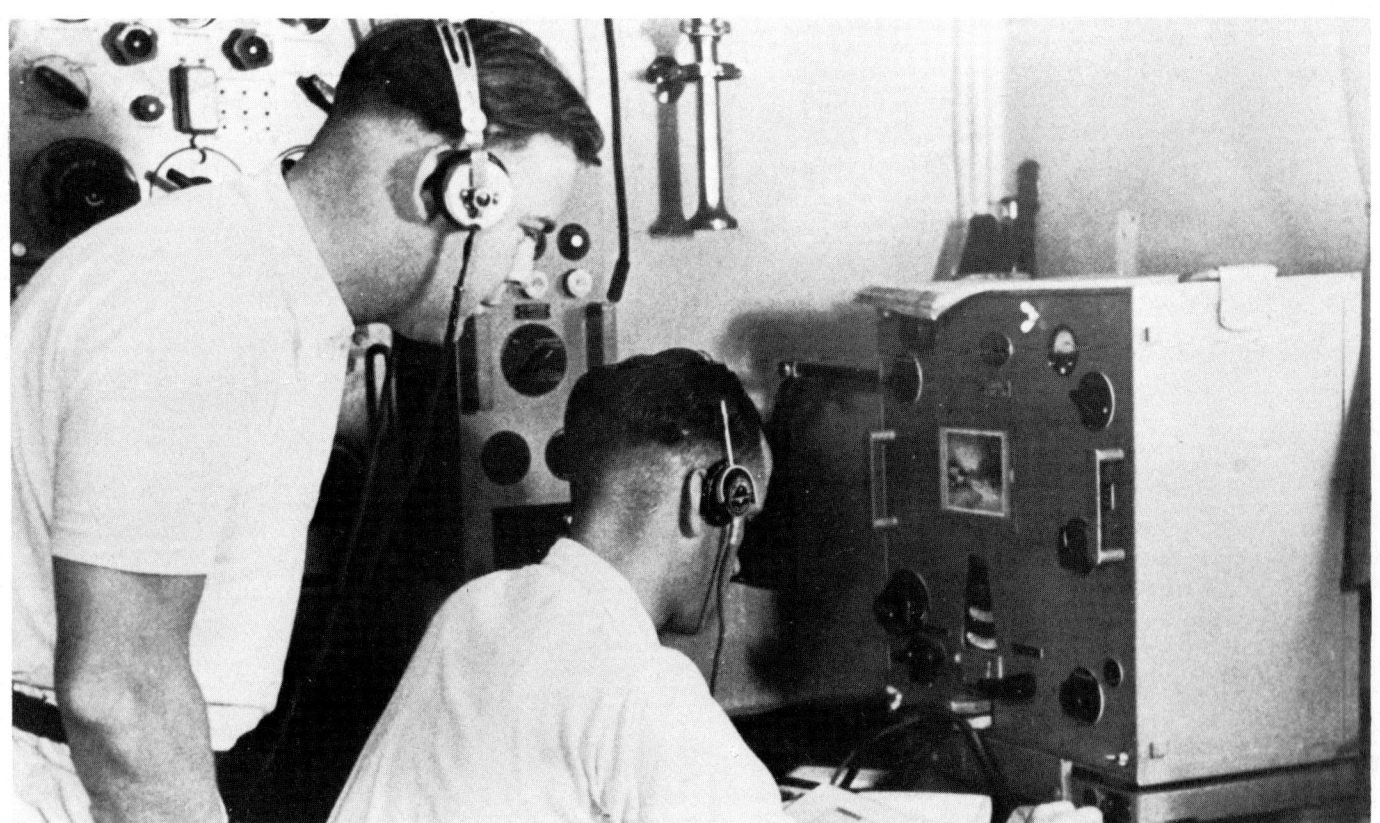

Teil des Funkempfangsraumes auf *Michel*.

Torpedotragende Beiboote

Der Gedanke, Hilfskreuzern eine unter Umständen entscheidende Verstärkung durch die Mitnahme von kleinen Torpedoträgern zu geben, ist – soweit feststellbar – nur durch die Kaiserliche bzw. Kriegsmarine verwirklicht worden. So erhält 1895 der erste deutsche Hilfskreuzer *Normannia* neben einer starken Artillerie zwei »nicht-autonome Torpedoboote«, nicht autonom, weil sie truppendienstlich keine selbständige Einheit sind. Diese mit einem 45-cm-Torpedorohr ausgerüsteten Dampfbarkassen gehören von etwa 1890 bis 1900 zum festen Bestand der Beiboote auf Panzerschiffen und großen und kleinen Kreuzern, z. B. auf dem Kreuzer *Irene* (Werftmodell siehe Seite 65 unten). Streng genommen sind die Boote nichts anderes als ein Ausweg, die ungenügende Laufstrecke der Torpedos zu verlängern.

Der Gedanke, ein einsetzbares Torpedo-Schnellboot für die Verwendung von Kreuzern und Hilfskreuzern aus zu schaffen, wird 1936 wieder aufgegriffen. Die Seekriegsleitung stellt eine entsprechende Forderung. Das Angebot besteht aus einem ca. 20 m langen Boot aus Holz und Leichtmetall mit einem Bugtorpedorohr, wird aber als zu schwer und unhandlich abgelehnt. Nach Klärung der Torpedozahl bzw. Rohrzahl und der Ausstoßrichtung werden zwei Rohre (45 cm) im Heck angeordnet, Torpedokopf zum Bootsbug. Eine Mindestgeschwindigkeit (ca. 20 kn?) wird verlangt, damit der achteraus ausgestoßene, mit den Schrauben zuerst ins Wasser kommende Torpedo sich beim Eintauchen ins Wasser bereits vorwärts bewegt.

Diese Anordnung bietet den Vorteil, daß der Schütze das Ziel bis zuletzt beobachten kann. Im Augenblick des Ausstoßes muß das Boot allerdings die Fahrt erhöhen und vor dem nachlaufenden Torpedo abdrehen.

Da die Torpedorohre nicht rechtzeitig fertig werden, erhalten die beiden ersten für Hilfskreuzer vorgesehenen Leicht-Schnellboote (LS) Nr. 2 und 3 drei bzw. vier Magnetminen Typ TMB. Erst LS 4 erhält planmäßig zwei Heckrohre für Torpedos.

Die Boote werden wie folgt beschrieben: Leichtmetall-Querspanten-V-Bodenbau der Dornier-Werft, Friedrichshafen. Verdrängung 11,5 m³, Länge 12,50 m, Breite 3,46 m, Tiefgang in Fahrt 0,92 m, gestoppt 0,77 m. Antrieb: LS 2 und 3 zwei Junkers 6-Zylinder-Zweitakt-Diesel Typ JUMO 205, LS 2: 2 × 700 PS, LS 3: 2 × 850 PS. LS 4 zwei Daimler-Benz 12-Zylinder-V-Viertakt-Diesel Typ MB 507, 2 × 850 PS. Alle Boote: Stöckicht-Rädergetriebe (2 Schrauben, je 3 Flügel, ⌀ 0,48 m). 2 Ruder. Bewaffnung: LS 2: drei Minen nebeneinander, LS 3: vier Minen zu zweien neben- und übereinander. LS 2: eine 6-cm-Bootskanone auf dem Achterschiff, später an *Komet* und weiter an *Adjutant*. Nach Zusammenbruch des Flugzeugs ein MG 15 im Turmkranz eingebaut. LS 3 und 4: je ein 2-cm-MG.

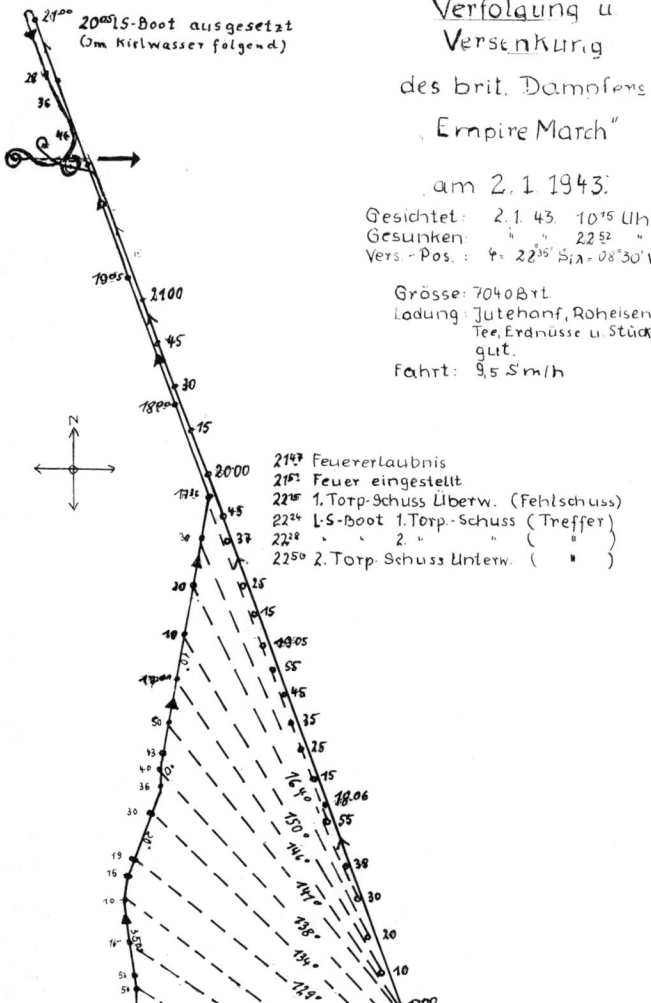

Folgende Daten sind bemerkenswert: LS 2 14. 6. 1940 auf *Komet* eingeschifft. 14. 10. 1940 Backbord-Motor ausgefallen, 23. 12. 1940 Steuerbord ebenso. Das Boot mit dem Namen *Meteorit* wird als nunmehr unnütz versenkt – LS 3 erhält keinen besonderen Namen. 14. 10. 1940 auf *Kormoran* eingeschifft. Der im Juni 1941 vor Madras beabsichtigte Minenwurf muß wegen Insichtkommen des britischen Hilfskreuzers *Canton* aufgegeben werden. Boot versinkt mit *Kormoran*. LS 2 und 3 machen also nur Probe- und Übungsfahrten.

LS 4, *Esau* genannt, kommt am 5. 7. 1941 auf *Michel*, an dessen zwei Unternehmungen es teilnimmt. 24. 4. 1942: Gegen US-Tanker *Connecticut* eingesetzt, den es versenkt. 1. 5. 1942: Der Turbinenfrachter *Menelaus* läuft dem Hilfskreuzer davon und weicht den beiden, vom nacheilenden *Esau* ausgestoßenen Torpedos aus. 4. 6. 1942: Einsatz gegen den treibenden Amerikaner *Georg Clymer*. Schiff sinkt nicht sofort, läuft aber langsam voll. Der britische Hilfskreuzer *Alcantara* rettet die Besatzung. 16. 7. 1942: *Michel* versenkt einen Tanker, während *Esau* den norwegischen Tanker *Aramis* mit zwei Torpedos trifft, aber nicht versenkt. *Michel* holt die entgangene Beute in der folgenden Nacht ein und versenkt sie. Auf der zweiten Fahrt versenkt *Michel* den norwegischen Tanker *India* unter Mitwirkung von *Esau*. Diese Versenkung – am 11. 9. 1943 – ist der letzte Erfolg eines deutschen Hilfskreuzers. *Esau* sinkt mit *Michel* am 17. 10. 1943.

Bild S. 64 (Faksimile *KTB Michel* vom 2. 1. 1943). Die Gefechtsskizzen zeigen links die Bestimmung des Kurses und der Fahrt (Geschwindigkeit) des um 10.15 Uhr gesichteten Schiffes, ferner das Vorsetzen des Hilfskreuzers vor die künftige Beute. Die unterbrochenen Linien sind die Peilstrahlen vom jeweiligen Schiffsort *Michel*, an deren Ende ein Punkt die gemessene Entfernung bezeichnet. Um 21.00 Uhr dreht *Michel* auf Gegenkurs, nachdem *Esau* um 20.05 Uhr ausgesetzt worden ist. Rechts oben Faksimile der Skizze der Schlußphase mit den Kursen des D. *Empire March*, des Hilfskreuzers *Michel* und des *Esau* unter Angabe der Torpedoschüsse. (Von *Michel* und *Esau* je 2).

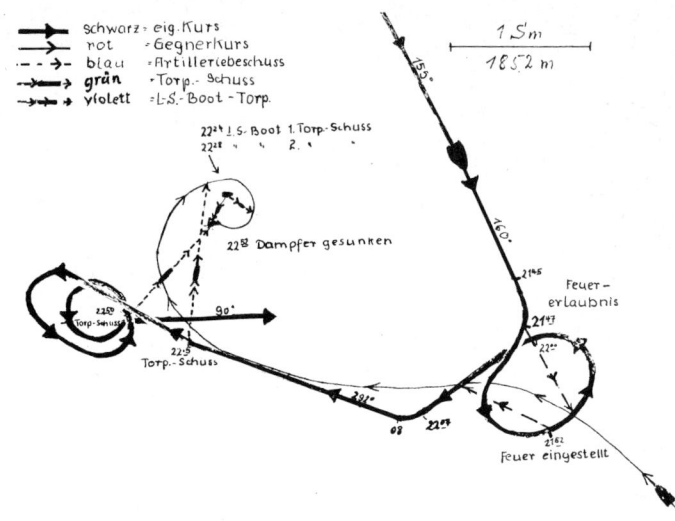

Modell eines »nicht-autonomen Torpedoboots« mit einem 45-cm-Rohr auf dem Vorschiff. Die Dampfbarkasse war 16 m lang, wurde von einer 2-Zylinder-Kolbenmaschine angetrieben. 1 Dampfkessel. Offener Steuerstand mit Rad und Pinne. Eine 3,7-cm-Revolverkanone.

Leicht-Schnellboot *LS 4*, genannt *Esau*, vor dem Einsetzen auf Hilfskreuzer *Michel*. Dieses Boot ist das einzige der drei auf Hilfskreuzer eingeschifften LS-Boote, welches zum operativen Einsatz kam. Einzelheiten im Text.

Aussetzen des Leicht-Schnellboots *LS 2*, genannt *Meteorit*, auf Hilfskreuzer *Komet*. Einzelheiten siehe Text.

LS-Boot 8 während der Probefahrt beim Erbauer, den Dornier-Werken, auf dem Bodensee. Das Boot war genau wie *LS 4 – Esau* gebaut.

Flugzeuge an Bord der Hilfskreuzer

Mit der Mobilmachung 1914 übernimmt die Marine die Dampfer *Santa Elena* und *Answald* als Flugzeugtender für Schwimmerflugzeuge. Im Sommer 1915 werden die Hallen für die größeren, leistungsfähigeren Flugzeuge ausgebaut. Die bei nicht zu rauher See guten Erfahrungen mit den Doppelschwimmerflugzeugen führen 1916 zur Anbordgabe eines Aufklärungsflugzeugs der neusten und bewährtesten Art auf den Hilfskreuzer *Wolf* (II). Unter Verzicht auf ein Maschinengewehr und Bomben kann eine Funkeinrichtung eingebaut werden. Wegen des schwierigen Manövers beim Aus- und Einsetzen kommt nur eine Besatzung von zwei Mann in Frage. Das Flugzeug wird in der achteren Luke verstaut, mit dem Ladebaum aus der Luke gehievt und aus- bzw. eingesetzt, wie auf den erwähnten Flugzeugmutterschiffen. Die Flugzeugbesatzung wird durch eine kleine Instandhaltungsgruppe verstärkt.

Das Bordflugzeug auf *Wolf* erhält den Namen *Wölfchen* und steigt am 27. 2. 1917 im Indischen Ozean zum ersten Mal auf, um die Ausrüstung des D. *Turitella* zum Hilfskreuzer *Iltis* zu sichern. Aufklärungs- und Sicherungsaufgaben, oft unter dramatischen Umständen, hat *Wölfchen* noch viele Male mit Erfolg gelöst. Stolz kreist es beim Einlaufen in Kiel über dem Hilfskreuzer.

Das Bordflugzeug *Wölfchen* des Hilfskreuzers *Wolf* ist das letzte Flugzeug der Serie mit den Marinenummern 829-841, gebaut vom Flugzeugbau Friedrichshafen, vom Typ »33 E«, Ausführung »HFt« (= Funkeinrichtung zum Geben und Empfangen). Der 150-PS-Benz-Motor verbraucht 201 kg Benzin für fünf Stunden Flugzeit und treibt einen Zugpropeller »Imperial« von 2,80 m ⌀. Leergewicht 982 kg, Zusatzgewicht 554 kg, Betriebsgewicht 1 536 kg.

Steighöhe m	Steigzeit Minuten
500	4,5
800	7,5
1 000	9,5
1 500	16,0

Geschwindigkeit horizontal 121 km/h. Bei Windstille 19 sek Anlaufzeit bis zum Abheben. Spannweite der oberen Tragfläche 16,75 m, größte Länge der Schwimmer 5,73 m. Länge über alles (Vorkante Schwimmer – Achterkante Seitenleitwerk) 10,45 m.

Die Ausrüstung der Hilfskreuzer des II. Weltkriegs ergibt nachstehende Aufstellung:

Orion   1   Arado 196 A-1
                ab 1.2.1942: 1 Nakajima 90-11
Thor   1   Arado 196 A-1
Komet   2   Arado 196 A-1
Kormoran   2   Arado 196 A-1
Michel   2   Arado 196 A-3
Stier   2   Arado 231

Atlantis   2   Heinkel HE 114 B
Widder   2   Heinkel HE 114 B
Pinguin   2   Heinkel HE 114 B
                ab März 1941: 1 Arado 196 A-1

Bordflugzeug *Wölfchen* des Hilfskreuzers *Wolf*, sitzend Flugmeister Fobeck, Beobachter und Funker, stehend Leutnant z.S. Stein, Flugzeugführer. Das Flugzeug hatte einen 150-PS-Motor. Einzelheiten im Text.

Das Aus- und Einsetzen des *Wölfchen* geschah genau wie auf den Flugzeugmutterschiffen mit Hilfe eines sehr langen Ladebaums und der Winsch.

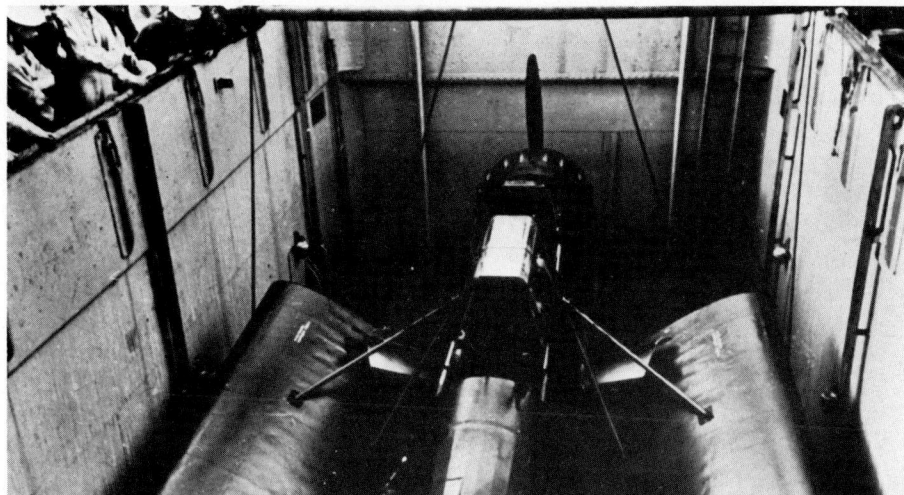

Eine »Arado 196 A-1« mit beigeklappten Flügeln in dem besonders hergerichteten Raum innerhalb eines Laderaumes. Vor allem ist für beste Lüftung gesorgt. Nach dem Herausklappen der Flügel werden die – hier gut sichtbaren – Streben abgenommen. *(Orion)*

Eine »Arado 196 A-1«, der Prototyp der Bordflugzeuge auf Schlachtschiffen, Schweren Kreuzern und auch auf den Hilfskreuzern, hier als Flugzeug des »Freien Frankreich« getarnt, während des Aussetzens. Der Beobachter sitzt auf dem zurückgeschobenen Kabinendach, um den Haken aus der »Hahnepot« auszulösen, sobald das Flugzeug schwimmt und der Motor angesprungen ist.

Ein Seemann arbeitet an einer »Arado 196«. Das Kabinendach ist dazu nach hinten geschoben. *(Orion)*

Ansichten der auf *Stier* eingeschifften beiden »Arado 231«.

Als Ersatz für die zu Bruch gegangene »Arado« erhält *Orion* im Frühjahr 1941 aus Japan zugeführt eine »Nakajima 90-11« mit Zentralschwimmer. Der Motor ist ein Nakajima-Jupiter-9-Zylinder-Sternmotor 450/500 PS. Das Flugzeug ist ein Doppeldecker mit Stützschwimmern, wird eingehend erprobt und mit deutschen Waffen und Funkgeräten ausgestattet. Höchstgeschwindigkeit 220 km/h, Landegeschwindigkeit 80 km/h. Flugdauer 6,3 h.

Eine der beiden auf *Atlantis* eingeschifften »HE 114 b« wird startklar gemacht, nachdem sie aus der Luke gehievt und auf dem Lukendeckel abgesetzt worden ist. Das Flugzeug hat – als Anderthalbdecker – kurze untere und lange, daher beiklappbare, obere Flügel.

Die Bewaffnung der Hilfskreuzer

Artillerie

Erklärung der Abkürzungen für *Normannia* und die Hilfskreuzer des I. Weltkriegs

K 15	= 15 cm Kanone L/..	
SK 15/45	= 15 cm SK L/45	
SK 15/40	= 15 cm SK L/40	
K 12,5	= 12,5 cm K L/..	
SK 10,5	= 10,5 cm SK L/40	
K 10,5	= 10,5 cm K L/40	
K 10,5	= 10,5 cm K L/40	
K 9	= 9 cm K L/..	
SK 8,8/45	= 8,8 cm SK L/45	
SK 8,8 zer	= 8,8 cm SK L/45 in zerlegbarer Lafette *)	
SK 8,8 L/40	= 8,8 cm SK L/40	
SK 5,2	= 5,2 cm SK L/55 *)	
RK	= 3,7 cm Revolverkanone	
	(*Normannia* auf nichtautn. Tpbt.)	
MK	= 3,7 cm Maschinenkanone	

*) zur Ausrüstung von Hilfsschiffen und Hilfskreuzern be-
stimmt

Erklärung deg Abkürzungen für die Hilfskreuzer des II. Weltkriegs		Reichweite hm
TK 15	= 15 cm Torpedobootskanone L/48	170
SK 15	= 15 cm SK in MPL aptiert, mit Schild	167
Flak 10,5	= 10,5 cm Flak L/45	ca. 150
Flak 8,8	= 8,8 cm Flak L/45	ca. 100
SK 7,5	= 7,5 cm SK L/35 **)	ca. 80
Bootsk	= 6 cm Bootskanone L/18 **)	ca. 40
Flak 4	= 4 cm Flak Bofors	ca. 100
II 3,7	= 3,7 cm SK C/30 (L/50)	ca. 90
PAK	= 3,7 cm Panzerabwehrkanone **)	
II 2	= 2 cm MK in Doppellaffette C/38	ca. 60
I 2	= 2 cm MK in Einzellaffette (MGC/30)	ca. 60

**) als Anhaltegeschütz gedacht
Hinter den Geschützangaben folgt in Klammern der Muni-
tionsbestand.
MK = Maschinenkanone wie ein großkalibriges Maschinengewehr
RK = Revolverkanone, ein Bündel mit fünf parallelen Rohren, die um eine dazwischenliegende Achse rotieren.
Bootsk = Geschütz kann an Bord, in Beibooten und mit Rad-
lafette an Land verwendet werden. Gehört zur Ausrüstung
des Marinekorps in Flandern und ist die erste Panzerabwehr-
kanone auf deutscher Seite gewesen.
MPL aptiert = Diese Geschütze sind auf den Linienschiffen
Schleswig-Holstein und *Schlesien,* wo sie in der Kasematte
gestanden haben, ausgebaut und mit einem Schutzschild und
anderen Einrichtungen »aptiert« worden.
Flak = Flugabwehrkanone
SK = Schnell-Lade-Kanone
K = Kanone (veraltet, mit geringer Feuergeschwindigkeit)
L/.. = Länge des Rohres als Vielfaches des Kalibers z. B.
 15 cm L/40 = 15 cm × 40 = 6,00 m.
C/ = Konstruktionsjahr

Torpedowaffe

Die Torpedos

Die nicht-autonomen Torpedoboote der *Normannia* hatten
Torpedos mit einem Kaliber von 45 cm. Alle Hilfskreuzer des
I. Weltkriegs hatten mit Ausnahme von *Meteor* (45 cm) Torpedos mit 50 cm Kaliber, die Hilfskreuzer des II. Weltkriegs
mit 53,3 cm Kaliber. Das LS-Boot *Esau* des Hilfskreuzers
Kormoran verschoß die Flugzeugtorpedos F 1 mit 45 cm Kaliber.

Die Torpedorohre

Die Hilfskreuzer des I. Weltkriegs schossen Torpedos mit
festgesetzten Rohren, d. h. die Rohre konnten zwar geschwenkt werden, um die Mündungen außerhalb der Bordwand zu bringen. Dann aber waren die Rohre fest, so daß der
Hilfskreuzer nach der einen oder anderen Seite drehen mußte,
um das Ziel in die Visierlinie zu bringen. Mit einer Ausnahme blieb dieses Verfahren auch gültig für die Überwasserroh-
re der Hilfskreuzer des II. Weltkriegs und – ohne die Möglichkeit eines seitlichen Verschwenkens, sondern mit fest querab
eingebauten Rohren – auch für die Unterwasserrohre des
II. Weltkriegs. – Die Ausnahme bildete Hilfskreuzer *Orion* mit
2 Drillingsrohrsätzen, die laufend in die Schußrichtung ge-
dreht werden konnten. Der Kmdt hatte diese Rohrart unter
Hinweis auf sein langsames Schiff und die für ein Drehen besonders lange Zeit mit Erfolg gefordert.

Erläuterung der Abkürzungen

I TR	= Einzelrohr
II TR	= Doppelrohr
III TR	= Drillingsrohr

Hinter den Rohrangaben in Klammern die Zahl aller an Bord
befindlichen Torpedos.
übw = überwasser, untw = unterwasser

Bordflugzeuge

Folgende Bordflugzeuge sind im II. Weltkrieg von Hilfskreu-
zern aus eingesetzt worden:
Arado AR 196 A-1, AR 196 A-3, Ar 231; Heinkel He 114 B;
Nakajima 90-11.

Die Bewaffnungen der einzelnen Hilfskreuzer

Normannia: 8 K 15; 4 K 12,5; 2 K 9; 6 RK // 2-22 t nicht-
autonome Torpedoboote mit je 1 TR 45 cm, insgesamt
8 Torpedos auf dem Hilfskreuzer.
1. *Kaiser Wilhelm der Große:* 6 SK 10,5 (400); 2 MK (200).
2. *Cormoran:* 8 K 10,5 (1200) aus Ungeschütztem Krz. *Cormoran.*
3. *Prinz Eitel Friedrich:* 4 SK 10,5 (ca. 900); 6 SK 8,8/40;
4 MK (9000) aus Kbt. *Luchs* und *Tiger.*
4. *Kronprinz Wilhelm:* 2 SK 8,8 zerl (300) Steuerbord vorn

aus der Hilfskreuzer-Ausrüstung des L.Krz. *Karlsruhe*. Ab 8. 10. 1914: 2–12 cm SK aus *La Correntina* auf dem Heck, jedoch ohne Munition.

5. *Cap Trafalgar:* 2 SK 10,5 (482); 4 MK (9000) aus Kbt. *Eber.*

6. *Berlin:* 2 SK 10,5 (300) je 1 Stb vorn und Bb achtern; 6 MK (600) // 200 Minen.

7. *Vineta:* 4 SK 15 L/40 (600); 4 SK 8,8/45.

8. *Meteor;* 2 SK 8,8 L/40 (600); 2 MK (.) // 347 Minen. Zur 2. Unternehmung zusätzlich 1 SK 15/L/. (.) auf dem Heck // 2 TR 45 (2) übw.

9. *Möwe:* 4 SK 15 L/45 (600); 1 SK 10,5/45 (200) // 2 TR 50 übw (12) *).

10. *Wolf(I):* 4 SK 15 L/40 (600); 2 MK (.) // 2 TR 50 übw (16).

11. *Greif:* 4 SK 15 L/40 (600); 1 SK 10,5 L/40 (200) // 2 TR 50 übw (12).

12. *Wolf(II):* 7 SK 15 L/40 (1200) // 4 TR 50 (16) // 465 Minen // 1 Flugzeug Friedrichshafen E 33 // Zur Ausrüstung von Hilfsschiffen 3 SK 5,2 (600).

13. *Seeadler:* 2 SK 10,5 L/45 (400).

14. *Geier:* 2 SK 5,2 (300) aus Hilfskreuzer *Möwe.*

15. *Leopard:* 5 SK 15 L/40 (600); 4 SK 8,8 L/40 (.) // 2 TR 50 (12).

16. *Iltis:* 1 SK 5,2 (200) // 25 Minen aus Zuschlag bzw. Ausrüstung *Wolf.*

17. *Orion:* 6 SK 15 (1800); 1 SK 7,5 (.); 2 II 3,7 (400); 2 II 2 (8000) // 2 III TR übw // 228 Minen EMC // 1 Ar 196 A-1, ab Feb 41 1 Nakajima.

18. *Atlantis:* 6 SK 15 (1800); 1 SK 7,5 (.); 1 II 3,7 (4000); 2 II 2 (8000) // 4 I TR übw // 92 Minen EMC // 2 HE 114 B.

19. *Widder:* 6 SK 15 (1800); 1 SK 7,5 (.); 2 II 3,7 (4000); 2 II 2 (8000) // 2 II TR übw (.) // Keine Minen // 2 HE 114 b.

20. *Thor:* 6 SK 15, ab 1942 ersetzt durch 6 TK 15 (1800); bis 1942: 1 Bootsk (.); 1 II 3,7 (4000); 2 II 2 (8000) // 2 II TR übw // Keine Minen // 1 Ar 196 A-1.

21. *Pinguin:* 6 SK 15 (1800); 1 SK 7,5 (.); 1 II 3,7 (4000); 2 II 2 (8000) // 2 II TR übw (.) // 300 Minen EMC // 2 HE 114 B, ab März 41 1 AR 196 A-1.

22. *Stier:* 6 TK 15 (1800); 1 II 3,7 (4000); 2 II 2 (8000) // 2 I TR untw // Keine Minen // 2 Ar 231.

23. *Komet:* 6 SK 15 (1500); 1 Bootsk (.); 1 II 3,7 (4000), ab 1942: 2 II 3,7 (.); 2 II 2 (8000) // 2 II TR übw // 30 Minen EMC für LS-Boot // 1 AR 196 A-1 // 1 LS-Boot 2 zum Minenwurf.

24. *Kormoran:* 6 SK 15 (1800); 1 SK 7,5 (.) nur bis zur Ausreise; 2 PAK (3000); 1 II 3,7 (4000); 5 I 2 (10000) // 2 II TR übw, 2 I TR untw // 360 Minen EMC // 30 Minen TMB für LS-Boot // 2 Ar 196 A-1 // 1 LS-Boot 3 zum Minenwurf.

25. *Michel:* 6 SK 15 (1800); 1 Flak 10,5 (400); 2 II 3,7 (8000); 2 II 2 (8000) // 2 II TR übw, 2 I TR untw // keine Minen // 2 Ar 196 A-3 // 1 LS-Boot 4 zum Torpedoschuß 45 cm (.).

26. *Coronel:* 6 TK 15 (6000); 6 Flak 4 (12000); 4 II 2 (16000); einige I 2 // Keine Minen // 3 Flugzeuge, noch nicht eingeschifft.

27. *Hansa:* 8 TK 15 (960); 1 Flak 10,5 (200); 4 II 3,7 (9000); 18 II 2 (56000); ab etwa Herbst 1944 insgesamt 28 leichte Flak // bis 1944: 2 I TR übw, 2 I TR untw // Eine Flugzeugschleuder. Kein Flugzeug eingeschifft.

*) // 500 Minen Typ E // Zur Ausrüstung von Hilfsschiffen 2 SK 5,2 (400)

Die Ausbildung

Die Ausbildung auf den Schnelldampfern 1914 ist recht einfach im Vergleich zu der auf den schon mehr für die kriegerische Verwendung umgebauten Frachtdampfern. Die auf Grund der Kriegserfahrungen geplanten Hilfskreuzer des II. Weltkriegs erfordern von Jahr zu Jahr größere Vorkenntnisse und eine gründlichere Ausbildung. In beiden Kriegen findet die Heimatausbildung überwiegend in der Ostsee statt.

E.) Aufgabe.

Kreuzerkriegführung in außerheimischen Gewässern und Durchführung einer Minenverseuchung gemäß Anlage.

Der Schwerpunkt der Aufgabe liegt in der Bindung feindlicher Streitkräfte zur Entlastung der Heimat und in der Schädigung des Gegners:

a.) durch den Zwang zur Geleitzugbildung und verstärkten Sicherung seiner Schiffahrt, auch in entfernten Seegebieten.

b.) Durch die damit verbundene starke Beanspruchung seiner Streitkräfte.

c.) Durch Abschreckung der neutralen Schiffahrt.

d.) Durch weitere nachteilige Folgen handelspolitischer und finanzieller Art.

Zur Lösung der Aufgabe ist eine langandauernde Bindung und Beunruhigung des Gegners wichtiger als eine hohe Versenkungsziffer bei schnellem Aufbrauch des Hilfskreuzers. Die Versenkung feindlichen oder im Dienst der Feinde fahrenden neutralen Schiffsraumes ist das Mittel, das strategische Ziel zu erreichen.

Der Schiffsstamm *Michel* macht unter Führung des Kommandanten im Juli 1941 in Danzig einen Ausmarsch.

Der Operationsbefehl

Jeder Kommandant eines Hilfskreuzers erhält einen Operationsbefehl, sei er im I. Weltkrieg vom Admiralstab oder im II. Weltkrieg von der Seekriegsleitung oder dem Kommandanten ausgestellt, der einen anderen Seeoffizier zum Kommandanten eines Hilfskreuzers bestellt. Stets wird in diesem Befehl entweder auf die kaiserlichen Befehle oder auf die »Anweisung für den Kommandanten der im Ausland befindlichen Schiffe und Fahrzeuge der Kriegsmarine im Falle eines Krieges« hingewiesen. Beide Arten dieser Vorschrift behandeln die grundsätzlichen Regeln, die die Kommandanten zu beachten haben.

Der Operationsbefehl wird auf die Aufgabe eines einzelnen Schiffes zugeschnitten und enthält eine Schilderung der politischen Lage, eine Feindlage, einen Überblick über eigene Streitkräfte im Operationsgebiet und auf dem Wege dorthin, ferner Weisungen für die Durchführung der Aufgabe, die Grenzen des Operationsgebiets (Op.Gebiet), Einzelanweisungen für den Marsch dorthin sowie Richtlinien für den Handelskrieg, Einzelheiten der Versorgung und Nachrichtenbestimmungen. Kernpunkt ist jedoch der Abschnitt »E.) Aufgabe« (Faksimile Seite 72, *Orion*).

Ein beinah friedliches Bild aus dem April 1940 in Kiel: Die Hilfskreuzer *Thor* (links) und *Pinguin* an der Boje. Weiter links Artillerieschulschiff *Brummer* und die Helgen der Howaldtswerke Kiel, rechts ein altes Linienschiff (*Schlesien* oder *Schleswig-Holstein*) und das große Schwimmdock der Deutschen Werke Kiel (von *Widder* aus gesehen).

Die Ausreise

Wie eine Schranke liegen die britischen Inseln vor der Nordsee und beherrschen alle Wege von Deutschland zur überseeischen Welt. Im Norden wird dieses Hindernis durch die Inselkette bis nach Grönland verlängert, die, wenn sie in gegnerischer Hand ist, für jedes deutsche Schiff die Gefahr vergrößert, angehalten, aufgebracht oder versenkt zu werden. In beiden Weltkriegen müssen – aus- oder einlaufend – deutsche Handels- und Kriegsschiffe, angefangen vom bescheidenen Fischdampfer bis hin zum Schlachtschiff *Bismarck*, an den zwischen den Inseln aufgespannten Ketten von Kreuzern, Hilfskreuzern, Flugzeugen und sonstigen Bewachern vorbei.

Diese Bewacherketten zu durchbrechen, ist in beiden Kriegen die erste und auch schwerste Aufgabe, denn nirgendwo sonst auf den Ozeanen ist die Gefahr, entdeckt zu werden, so groß wie hier. Welche oft schon am Anfang der Fahrt entscheidende Rolle britische Streitkräfte im Leben der Hilfskreuzer gespielt haben, zeigt nebenstehende Übersicht, die zur Steigerung des Aussagewerts auch die eigentlichen Kriegsschiffe mit Ausnahme der U-Boote enthält. Hierbei sind die Schiffe auf die einzelnen Durchfahrten und nach Aus- bzw. Heimreise aufgeteilt.

Daß sich die Lage im II. Weltkrieg mit der Besetzung der französischen Nord- und Westküste schlagartig und grundlegend bessert, liegt auf der Hand. Die Heftigkeit der britischen Luftangriffe auf die französischen Häfen, die Maßnahmen zum Abfangen auslaufender Hilfskreuzer im Kanal wie in der nördlichen Nordsee beweisen die Größe der Gefahr, die der Gegner in den Hilfskreuzern sieht. Wie sehr und mit welchem Erfolg sich der Gegner bemüht hat, durch Spionage Auslauftermine der von ihm so gefürchteten Hilfskreuzer zu erfahren, beweist das Ende des Hilfskreuzers *Greif*, ein Ende, dem Hilfskreuzer *Wolf* (I) nur durch seine Strandung in der Elbe entgangen ist. Auch bei *Komet* besteht der Verdacht, daß das 2. Auslaufen dieses Schiffes frühzeitig bekannt geworden ist, so daß der Gegner einen Durchbruch verhindern kann. Hilfskreuzer *Coronel* wird zur Umkehr gezwungen.

So ist es leicht verständlich, daß die Kommandanten den weitesten, aber zeitweise ungefährlicheren Weg durch die Dänemarkstraße zwischen Grönland und Island wählen. Die Überlegungen, die ein Kommandant vor und während der Fahrt durch diese je nach der Jahreszeit vom Eis verengte Seestraße angestellt hat, zeigt das Faksimile aus dem KTB *Pinguin* (vgl. S. 76).

Der Vollständigkeit wegen ist die Ausreise *Komet* durch die Nordostpassage ebenso erwähnt wie das Ein- und Auslaufen von Hilfskreuzern in Japan.

Schweres Wetter im Nordatlantik *(Orion)*.

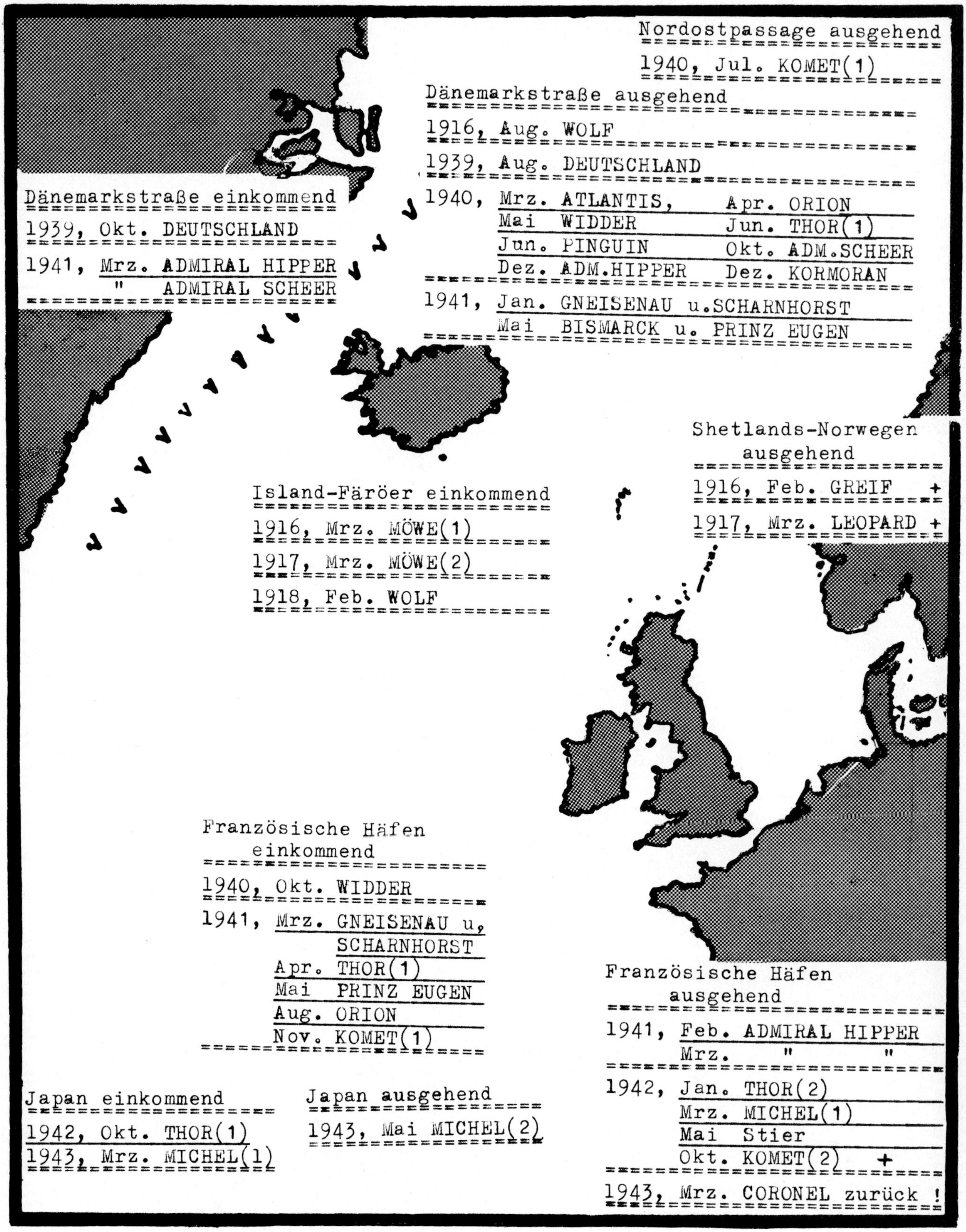

Nordostpassage ausgehend

1940, Jul. KOMET(1)

Dänemarkstraße ausgehend

1916, Aug. WOLF

1939, Aug. DEUTSCHLAND

1940,	Mrz. ATLANTIS,	Apr. ORION
	Mai WIDDER	Jun. THOR(1)
	Jun. PINGUIN	Okt. ADM.SCHEER
	Dez. ADM.HIPPER	Dez. KORMORAN
1941,	Jan. GNEISENAU u.SCHARNHORST	
	Mai BISMARCK u. PRINZ EUGEN	

Dänemarkstraße einkommend

1939, Okt. DEUTSCHLAND

1941, Mrz. ADMIRAL HIPPER
" ADMIRAL SCHEER

Island-Färöer einkommend

1916, Mrz. MÖWE(1)

1917, Mrz. MÖWE(2)

1918, Feb. WOLF

Shetlands-Norwegen
ausgehend

1916, Feb. GREIF +

1917, Mrz. LEOPARD +

Französische Häfen
einkommend

1940, Okt. WIDDER

1941, Mrz. GNEISENAU u.
SCHARNHORST
Apr. THOR(1)
Mai PRINZ EUGEN
Aug. ORION
Nov. KOMET(1)

Französische Häfen
ausgehend

1941, Feb. ADMIRAL HIPPER
Mrz. " "

1942, Jan. THOR(2)
Mrz. MICHEL(1)
Mai Stier
Okt. KOMET(2) +

1943, Mrz. CORONEL zurück !

Japan einkommend

1942, Okt. THOR(1)

1943, Mrz. MICHEL(1)

Japan ausgehend

1943, Mai MICHEL(2)

Datum und Uhrzeit	Angabe des Ortes, Wind, Wetter, Seegang, Beleuchtung, Sichtigkeit der Luft, Mondschein usw.	Vorkommnisse
29.6. 0600^h	OzN 6 Seegang 4,D 2 bedeckt,Regen,neblig	Der erwartete Warmlufteinbruch ist eingetreten. In sehr diesigem Wetter wird der Vormarsch bei starkem Regen in die Dänemarkstrasse angetreten.
1547^h	ONO 6 Seegang 5,D 3 neblig,schlechte Sicht	Kurz nach Passieren der eigentlichen Enge kommen einzelne Eisschollen, später häufiger werdende,grössere Eisblöcke im Dunst in Sicht, denen ausgewichen werden muss. Schliesslich ist ein Ausweichen nicht mehr möglich,es wird nun energisch von der Eisgrenze abgedreht,um wieder freies Wasser zu erreichen.

Zum Durchbruch durch die Dänemarkstraße ist abschließend zu bemerken:

Der Durchbruch erscheint im Sommer - also ohne Dunkelwerden - möglich, wenn genügend Zeit verfügbar ist, eine für den Durchbruch günstige Wetterlage abzuwarten. Die Wartestellung sollte stets in Nebelgebieten liegen bzw. soweit von Island abgesetzt sein, daß eine Erfassung durch eine mögliche Luftaufklärung von Island aus unwahrscheinlich ist.

Als für einen Durchbruch günstig ist entweder das Passieren eines entgegenkommenden Tiefs in der Dänemarkenge oder eine Wetterlage anzusehen, die von Süden größere Mengen Warmluft bis nördlich Island heraufbringt.

Letztere Wetterlage wurde von Schiff 33 für den Durchbruch ausgenutzt.

Selbst eine stärkere Bewachung der Dänemarkstraße als bisher, etwa mit Fischdampfern und Hilfskreuzern, läßt unter den erwähnten Umständen im Sommer Durchbrüche möglich erscheinen.

Irgendeine Rückwirkung des Zusammentreffens mit dem englischen U-Boot bei der Ausfahrt aus dem Froisjöenfjord war während des Durchbruchs nicht zu bemerken.

Falls das U-Boot das Auslaufen des verdächtigen Dampfers als das eines Hilfskreuzers angesprochen und gemeldet hat, wird jetzt, nach erfolgtem Durchbruch des Schiffes in den Atlantik, das Wissen des Gegners um das Auslaufen eines weiteren Handelsstörers als im Sinne der Aufgabe des Schiffes liegend angesehen.

Der Dienstbetrieb

Ist der Durchbruch in den freien Ozean mit seiner gewaltigen körperlichen und seelischen Belastung geglückt, beginnt das tägliche Einerlei, das nur unterbrochen wird, wenn ein Schiff oder ein Flugzeug in Sicht kommt. Wie auf jedem Schiff geht auch auf dem Hilfskreuzer die Wache weiter, oben auf der Brücke, unten an der Maschine, im Funkraum, im Lazarett und in der Bäckerei. Je nach Lage wird Ausbildungsdienst gemacht, um die Leistungsfähigkeit der Besatzung auf den Gefechtsstationen zu steigern. »Zur Übung Alarm« schallt dann der Ruf durch das ganze Schiff... oder »Fliegeralarm«! Auch wird der stille Alarm geübt, bei dem alle Mann möglichst schnell, aber vor allem für einen fremden Beobachter unbemerkbar auf die verschiedenen Stationen eilen, ohne dort die Tarnung anzurühren, jedoch der nächsten Befehle gewärtig.

Unterricht über die zugehörigen Waffen und Geräte, über allgemeine Dienstvorschriften wie »Dienst an Bord«, »Organisatorische Bestimmungen der Marine«, »Wehrdisziplinarordnung« und vieles andere wird unterbrochen durch Sport und Spiele, soweit die Bordverhältnisse es nur zulassen. Die allgemeine Weiterbildung wird als angenehme Unterbrechung der rein militärischen Themen empfunden. Arzt, Meteorologe und Steckenpferdreiter kommen zu Wort.

Doch läuft der Wachbetrieb ununterbrochen weiter. Kommandant, Wachoffiziere und Obersteuermann »schießen« in der Morgen- und Abenddämmerung Sterne oder nehmen eine Mittagsbreite, um den Schiffsort auszurechnen. Der wachhabende Offizier überwacht den Ausguck, den Rudergänger und den Posten Maschinentelegraph. Ebenso ist ein Teil der Maschinenmannschaft vier um vier Stunden auf Wache, führt Fahrtkommandos aus, überwacht den Lauf der Anlage, den Brennstoffverbrauch, die Versorgung aller Verbraucher mit Strom, Heizung und Wasser.

Die Brückenwache auf *Möwe*. Leutnant z.S. Meisel, Wachoffizier, Adjutant und Torpedooffizier, ist W.O. (wachhabender Offizier). Er war u. a. im II. Weltkrieg Kommandant des Schweren Kreuzers *Admiral Hipper*.

Kartoffeln werden aus der Last gemannt und geschält. Im Schiffslazarett ist Revierstunde, und der Zahnarzt nutzt die Zeit zu einer lückenlosen Behandlung aller an Bord. Je nach Arbeitslage werden die Wohnräume ausgestaltet. Doch richtet sich das Hauptaugenmerk auf die Sicherheit des Schiffes gegen jede nur denkbare Überraschung. Das schwimmende Gemeinwesen, wie es von Schiff und Besatzung gebildet wird, lebt und bereitet sich auf die Aufgabe vor, die gelöst werden soll, wenn der Hilfskreuzer in seinem befohlenen Operationsgebiet stehen wird.

Je nach Gebiet dauert der Marsch dorthin einige Wochen, in denen das Schiff sich in der Regel nicht bemerkbar machen soll, um in Abstimmung mit den Kameraden den Handelskrieg schlagartig zu beginnen. Doch bringen es unvorhersehbare Ereignisse mit sich, daß sich der eine oder andere Kommandant doch zur Abgabe eines Funkspruchs entschließt, weil er so in Verbindung mit Funksprüchen eines Kameraden beim Gegner den Eindruck erweckt, als ob mehr Hilfskreuzer unterwegs sind oder als ob ein Hilfskreuzer mit einer Geschwindigkeit von 25 Knoten in einem bestimmten Gebiet operiert. Alle diese Maßnahmen finden die Zustimmung der Seekriegsleitung als »im Sinne der gestellten Aufgabe liegend«.

Unter diesen und ähnlichen Umständen kreuzt *Prinz Eitel Friedrich* im Pazifik, kämpft sich *Komet* durch das sibirische Eis, »kriecht« mit nur 12 Knoten *Orion* um Kap Horn in den Pazifik – keine Minute in der Aufmerksamkeit nachlassend.

Tanker

Erdöl ist am Fundort nutzlos. Es erhält erst am Verbrauchsort seinen Wert. Also muß es befördert werden. Das ist an Land verhältnismäßig einfach, über See schon schwieriger. Zunächst erfolgte die Verschiffung in Fässern. Diese hatten aber zu große Leckagen, die auch noch eine große Feuersgefahr bildeten. Man verwandte daher auch dafür nur die ältesten Schiffe, Holzsegler. Eine andere Transportmöglichkeit mußte ersonnen werden. Versuche mit größeren festeingebauten Behältern auf Segelschiffen verliefen befriedigend.

Wilhelm Anton Riedemann in Geestemünde war der erste deutsche Reeder, der fast ausschließlich Erdöl fuhr. Nach seinen Ideen baute Tecklenborg den ersten eisernen Tanksegler " Andromeda " . Die Er-

Links oben:
Mit Zigarre und Zigarette geht die Wache im Maschinenraum schneller vorbei. *(Orion)*

Rechts oben:
Der Obersteuermann arbeitet an der Seekarte. Auf der Brücke ein Ausguckposten. *(Widder)*

Am Manövrierstand der Dampfturbine auf *Orion*. Der Wachingenieur trägt seine zivile Uniform auf.

Ein Mann der »E-Mannschaft«, des Elektro-Abschnitts, an der Energieverteilungstafel. *(Orion)*

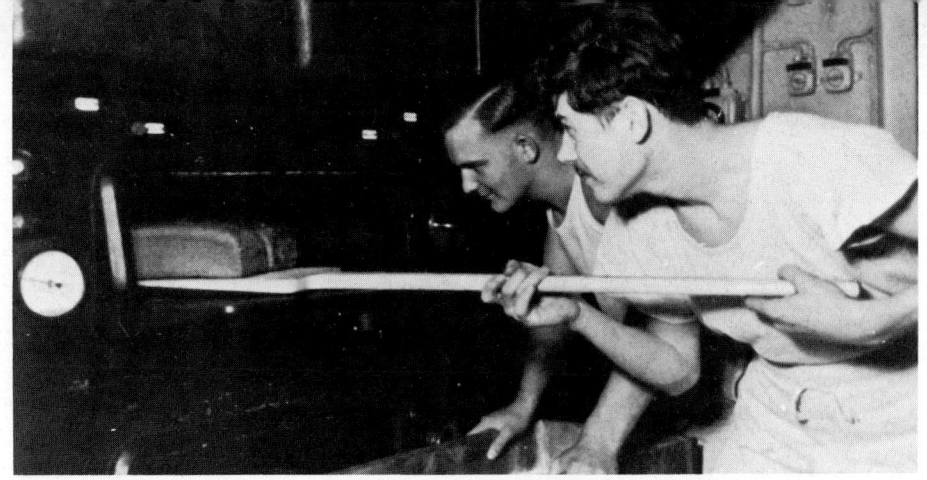

Seeleute als Bäcker. *(Michel)*

Militärischer Dienst als Vorbereitung für den Dienst als Unteroffizieranwärter. *(Widder)*

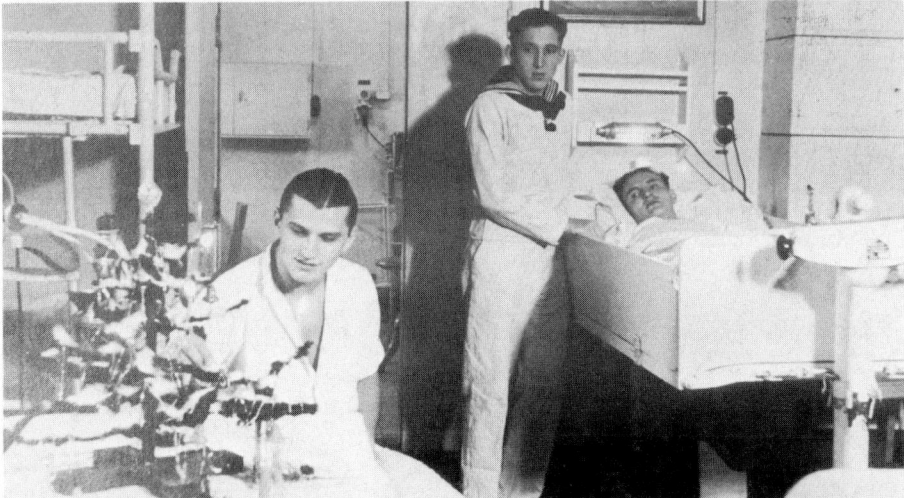

Weihnachten im Schiffslazarett, von den Seeleuten respektlos »Schlunz« genannt. *(Michel)*

Schlachtfest an Bord. Frisches Fleisch ist wichtig für die Gesunderhaltung der Besatzung. *(Widder)*

... und keine Seejungfer sieht zu!

Während im Topp und auf der Saling
Kameraden ausgucken, ...

können sich die Freiwächter im Badese-
gel tummeln.

Flugzeuge im Einsatz

In beiden Weltkriegen setzen die Hilfskreuzer ihre Flugzeuge hauptsächlich zur Aufklärung und zur Sicherung ein, nur in wenigen Fällen zum Angriff. Zwischen *Wölfchen* und den Arado 196 bzw. 231 und den Heinkel-Flugzeugen liegen rund 25 Jahre Entwicklung. So sind die Flugzeuge des II. Weltkriegs dem stoffbespannten *Wölfchen* technisch und leistungsmäßig überlegen. Will man die Erfolge vergleichen, so stößt man auch hier auf das Fehlen eines gerechten Maßstabs.

Die Aufklärung wird als eine Art »Sternflug« durchgeführt. In Abhängigkeit von Flughöhe und Bedeckung wird der Flugweg vorgeschrieben, um bei Zwischenfällen das Flugzeug wiederfinden zu können. Beim Sichten eines möglichen Zieles meldet das Flugzeug seine Beobachtung mit Funk oder kehrt zum Hilfskreuzer zurück. Oft wird dem Flugzeug auch die Fühlungshaltung an der Grenze der Sicht befohlen, um Kurs und Fahrt für das Vorsetzmanöver des Hilfskreuzers möglichst genau zu erfahren. Gelegentlich wirft das Flugzeug den Stoppbefehl mit einem Beutel auf das anzuhaltende Schiff oder weist das Schiff an, einen bestimmten Kurs zum Hilfskreuzer zu steuern. Versuchen die Schiffe, sich dieser Art Aufbringung zu entziehen, verleihen einige Bomben oder Stöße aus der Bordkanone der schriftlichen Weisung unmißverständlichen Nachdruck.

Unabhängig voneinander entwickeln einige Piloten ein Verfahren, mit der eigenen, vom Flugzeug herabhängenden und am Ende mit einem Bleikörper beschwerten Antenne die meist zwischen den Masten ausgespannte Antenne der anzuhaltenden Schiffe zu zerreißen. Da die Antennenenden Erd- oder Körperschluß bekommen, strahlen sie keine Energie mehr in den Äther. Die Funkanlage ist ausgeschaltet.

Verhältnismäßig einfach ist die Aufklärung eines Küstenstriches oder einer Insel. Dort ist auch die Orientierung durch Bezug auf das Land einfacher und sicherer. Trotzdem verfliegen sich einige Flugzeuge und müssen vom Hilfskreuzer nach Ablauf der Flugdauer gesucht werden... es sei denn, der Funksender erlaubt noch die Abgabe von Peilzeichen, die auf dem Hilfskreuzer richtig gedeutet und in der richtigen Richtung benutzt werden.

Die Sicherung besteht darin, den Hilfskreuzer gegen Überraschungen zu sichern, namentlich dann, wenn der Hilfskreuzer mehr oder minder nur eingeschränkt einsatzbereit ist, also vor allem bei Instandsetzungsarbeiten an der Maschine, wenn das Schiff bewegungsunfähig ist. Daß bei derartigen Sicherungsflügen sogar noch Beute eingebracht wird, zeugt vom Einfallsreichtum der Flieger (die auch im II. Weltkrieg zur Marine, zur Bordfliegerstaffel, gehören) und von der guten Zusammenarbeit mit dem Hilfskreuzer und der beiderseitigen Beweglichkeit.

Wie gut die Hilfskreuzer auf alle nur denkbaren Aufgaben mit Werkstätten, Material und vor allem Fachpersonal ausgestattet sind, zeigen die Bilder vom Bau eines neuen Motorbocks auf *Orion*. Das japanische Flugzeug erhält mit Bordmitteln Wasserruder, so daß es auch schwimmend gesteuert werden kann. Die deutschen Waffen und Geräte werden eingebaut. Bezahlt ist dieses Flugzeug mit einem Teil des Benzins aus einem aufgebrachten und nach Japan entlassenen Tanker.

Die Arado ist am 1. August 1940 bei der Landung auf bewegter See erheblich beschädigt worden. Nur mit Mut und Entschlossenheit kann das sinkende Wrack gehoben werden. *(Orion)*

14.8.1940 Hafen Noumea auf Neu-Caledonien. Flughöhe 2500 m.
2 Schiffe vor Anker
1 Schiff quer zum Wind
1 Schiff an der Pier.

Das Bordflugzeug von *Orion* bringt dieses Bild mit an Bord, dessen Inhalt für sich spricht.

Bei einer anderen Landung bricht der Motor samt Bock ab und verschwindet im Wasser. Ein Reservemotor ist an Bord, aber kein Bock...

... also wird einer an Bord zusammengeschweißt.

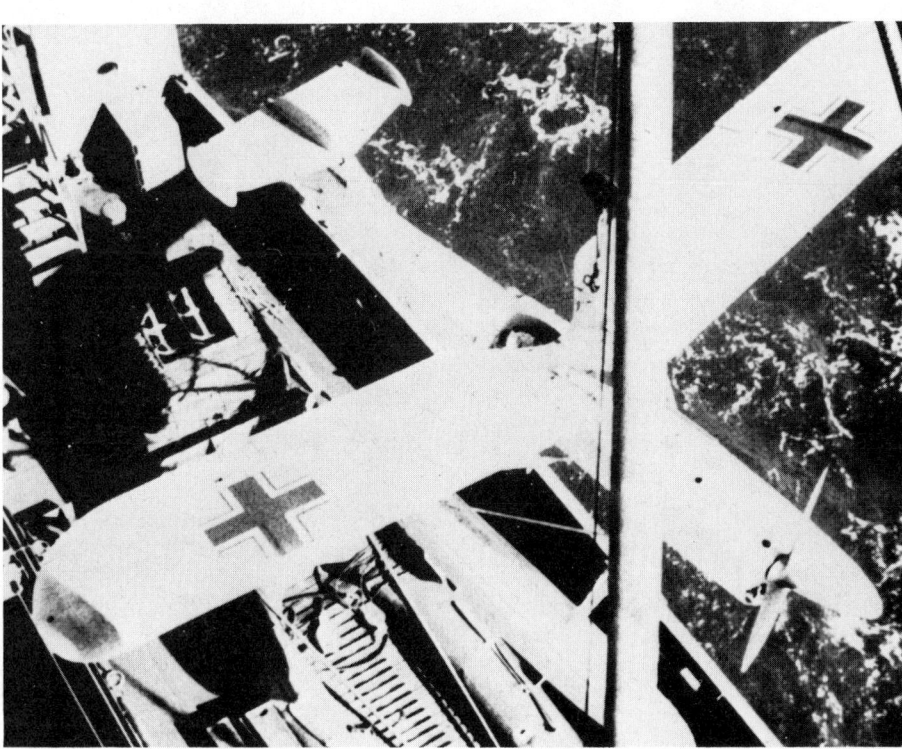

Die Arado 231 schwebt aus der Luke (unten links) über die Bordwand des Hilfskreuzers *Stier* zum Start.

Der Motor der Arado 231 wird in Höhe der Reling angelassen, damit das Flugzeug mit Ruderwirkung ins Wasser kommt. *(Stier)*

Minenoperationen

Die zunächst nur mit Minenaufgaben betrauten Hilfskreuzer *Berlin* und *Meteor* haben ihre Minen mit derartigem Geschick und Erfolg geworfen, daß in der Folge wiederholt Hilfskreuzer Sperraufgaben erhalten haben. *Möwe* wirft gleich zu Anfang der ersten Fahrt Minen vor dem Pentland Firth (zwischen Orkney-Inseln und Schottland) und vor der Gironde, um sich dann ausschließlich dem Kreuzerkrieg widmen zu können. Ähnlich erhält *Wolf* die Aufgabe, zunächst die wichtigsten Häfen und Durchfahrten des britischen Weltreiches rund um den Indischen Ozean zu verseuchen.

Colombo, Karatschi, Kalkutta und andere stehen auf der Wunschliste des Admiralstabs. Allen voran geht aber Kapstadt und das Kap der Guten Hoffnung mit der vorgelagerten Agulhas-Bank. Aus kriegsbedingten Gründen ändert der Kommandant einen Teil des Auftrags und verseucht die Gewässer an der australischen Südostküste

und um Neuseeland. Dieser Entschluß erweist sich als richtig, denn die *Wolf*-Minen erzielen den mit Abstand größten Erfolg im Minenkrieg der Hilfskreuzer gegen die Handelsschiffahrt. Es bewährt sich, entweder die Kommandanten unter den Minenfachleuten auszusuchen oder ihnen einen erfahrenen Fachmann mitzugeben.

Die Minen werden ja nicht einfach in den Schiffahrtsweg geworfen. Es sind viele Kräfte und Werte vor dem Wurf in die Überlegungen einzubeziehen: Richtung und Stärke des Verkehrs, Kurse und beliebte Ansteuerungspunkte, Ebb- und Flutstrom nach Richtung und Stärke, der Tidenhub, die Größe der hier verkehrenden Schiffe. Da die Minen wegen der Gefahr einer Explosionsübertragung nicht zu dicht nebeneinander geworfen werden dürfen, werden die gefährlichen Sprengkörper zwar in einer Geraden geworfen, die aber schräg zum vermuteten Schiffskurs liegt. Während des Werfens mar-

Das britische Schlachtschiff *Audacious*, größter und wertvollster Erfolg von durch Hilfskreuzer gelegten Minen (27000 ts, 22 kn, zehn 34,4-cm-Geschütze, sechzehn 10,2-cm-Geschütze, in Dienst 16. 10. 1913, + 27. 10. 1914).

schiert also der Minenleger auf einem ungewöhnlichen, einem mißtrauischen Beobachter und Bewacher unbedingt auffälligen Kurs. Ankertauminen werden durch den Gezeitenstrom mitgerissen, so daß das Tau schräg zwischen Anker und Mine steht. Dadurch steht die Mine tiefer als eingestellt. Grundminen sind in dieser Hinsicht sicherer. Falls der Gegner die Sperre entdeckt hat – spätestens durch die ersten Verluste auf der Sperre – soll ihm das Räumen erschwert werden. Daher wird die Sperre unter Umständen in Winkeln geworfen.

Beim Werfen kommt es darauf an, daß die Minen weder zu dicht, noch zu weit auseinander stehen. Daher wird eine Wurffahrt und ein entsprechender Wurftakt in Sekunden befohlen. Zwingen die Umstände zur Änderung der Fahrt, ändert sich auch der Wurftakt.

Eine der interessantesten Minenoperationen hat der Hilfskreuzer *Pinguin* unter dem Sperrwaffenfachmann Krüder ausgeführt: die Ausrüstung des norwegischen Tankers *Storstad* (8998 BRT) zum Minenleger *Passat* am 8. 10. 1940. Das K.T.B. enthält folgende wesentlichste Eintragungen:

Da das Schiff als Tanker besonders unauffällig erscheint, erwäge ich, ihn als Hilfsminenschiff für die von mir geplanten Minenaufgaben mit zu verwenden. Die daraufhin erfolgte Besichtigung an Bord ergibt, daß sich im achteren Aufbaudeck, in dem rings um den Maschinenschacht auf beiden Seiten Kammern und je ein Gang liegen, nach Herausreißen aller Einrichtungen, ca. 100 Minen völlig unauffällig und getarnt unterbringen lassen.

Es folgen dann Einzelanweisungen über die Durchführung, die Ernennung des Leutnants z.S. d.R. Warning zum Kommandanten unter Verleihung des Dienstgrads Kapitänleutnant, die Zusammensetzung der Besatzung u. a. Dann folgt die Aufgabe: Minenwerfen vor der Bank-Straße und vor der Ost- und Westeinfahrt der Bass-Straße. Entsprechend sind 110 Minen an Bord zu geben.

Während der Nacht gehen die Arbeiten voran, zwar nicht so zügig wie gedacht, weil die Badeeinrichtungen schwer zu beseitigen sind. Doch am nächsten Morgen schwimmt die erste Mine auf dem Schlauchfloß hinüber zu *Passat*, was sich als sehr zeitraubend erweist. Der Versuch, die nächste Mine mit dem Verkehrsboot zu transportieren, glückt in kurzer Zeit.

9. 10. 1940: Bei Einbruch der Dunkelheit sind 33 Minen übernommen. Über Nacht wird weiter an der Herrichtung der getarnten Minenräume im Aufbaudeck gearbeitet ...

10. 10. 1940: »Ausrüstung und Einrichtung der Passat. Die Minenübernahme wird mit Tagesanbruch fortgesetzt. – In ununterbrochenem Hin- und Herfahren sind 16.30 Uhr 110 Minen übernommen. Die letzte Mine wird unter Flaggenschmuck und mit folgendem Gedicht von Bord gegeben:

Die »Storstad« hat jetzt ihre Minen;
Wir waren fleißig wie die Bienen.
Der Seemann und der Minenmixer,
Sie stritten, wer von ihnen fixer;
Ein Lob gebührt wohl allen Beiden,
Darüber gibt's wohl nichts zu streiten.
Mit »Fier!« und »Heiß!« und Frühstücksspeck
Geht jetzt die letzte Mine weg.
Nun lieber Oberleutnant Schmidt,[*]
Bring nicht zu viele wieder mit,
Denn möglichst alle sollen nun
Für Deutschlands Macht das Ihre tun,
dem Tommy mit Splittern und Krachen verkünden:
»Auf allen Meeren sind Deutsche zu finden«,
Kämpfer, die ihm an die Kehle gehen
Und freudig hinter dem Führer stehen!
Im Indischen Ozean hält treue Wacht
Tommy gib acht!   *»Pinguin«*

Indischer Ozean, den 10. Oktober 1940
Verfasser: Mtr. Gfr. Kehrein,
Mtr. H. Gfr. Weber
(*OL Schmidt ist der Sperrwaffenoffizier auf der *Passat*).

Von den Arbeitskommandos, vor allem den Schweißern und Zimmerlingen, ist in Tag- und Nachtarbeit Vorzügliches geleistet worden. Als um 18.00 Uhr die letzte Arbeitsgruppe von »Passat« ablegt, wird das England-Lied gesungen...

12. 10. 1940. 00.30 Uhr (15° 18' Süd 109° 14' Ost): »Passat« entlassen. »33« legt sich wieder auf den Treck Sunda-Straße – Australien, der uns diesen fetten Brocken beschert hat.

Hilfskreuzer *Geier*, durch Umwandlung des französischen Frachters *Saint Theodore* (*Möwe*, zweite Fahrt) entstanden, wird nach Aufbrauch seiner Antriebsanlage während seines erfolggekrönten Einsatzes als Handelsstörer von *Möwe* mit Sprengpatronen versenkt. 14. 2. 1917.

Hilfsminenleger *Adjutant* ist durch Umwandlung der Prise *Pol IX*, eines Walfangbootes, durch *Pinguin* entstanden. Er wird zunächst als Hilfsschiff von *Pinguin* benutzt, kommt später an *Komet* und wird zum Minenwerfen vor Neuseeland eingesetzt. Nach erledigter Aufgabe wird er bei einer Schießübung durch *Komet* am 1. 7. 1941 versenkt.

Das *Pinguin*-Verkehrsboot hat eine EMC-Mine übernommen und bringt sie zu *Storstad*. Insgesamt werden 110 Minen auf diese Weise übergesetzt.

Übernahme einer Mine durch *Storstad*.

Links:
Die Geschichte der Umwandlung des norwegischen Tankers *Storstad* zum Hilfsminenleger wird nebenstehend ausführlich geschildert. Hier schwebt eine Mine EMC am Ladebaum zur Übergabe an das Verkehrsboot. Im Hintergrund *Storstad*.

Der Kreuzerkrieg

Eines Tages steht der Hilfskreuzer im Operationsgebiet – die Jagd ist offen!

Wenn nicht aufgefangene Funksprüche eine Beute angekündigt haben, kommt – alle Mann aufrüttelnd – vom Ausguck auf der Saling oder im Topp die Meldung »Rauchwolke an Backbord 285 Grad!« oder ähnlich. Mehr und mehr kommt das Schiff über die Kimm. Alle erkennbaren Einzelheiten werden dem Kommandanten gemeldet: Anzahl und Art der Masten, dann die Anordnung der Masten unter Bezug auf den auch allmählich sichtbaren Schornstein. Dann folgen die Aufbauten und je nach Beleuchtung der Anstrich der Schiffsteile. Die Peilungen und Entfernungsmessungen werden alle zehn Minuten ins Kartenhaus gerufen, wo der Obersteuermann eine Gefechtsskizze zeichnet. Verglichen mit den Beobachtungen, die jetzt vom Peildeck über der Brücke aus möglich sind, ergeben sich ungefährer Kurs und Geschwindigkeit. Auch versucht man Größe, Art und Nationalität des Schiffes aus Erfahrung und Vergleich herauszufinden, möchte man doch möglichst bald sicher sein, keinen Hilfskreuzer und kein Passagierschiff vor sich zu haben. Ist der Kommandant sich der Friedfertigkeit des anderen sicher, entschließt er sich zum Anhalten. Je nach den Umständen werden Kurs und Fahrt so geändert, daß der Hilfskreuzer wie zufällig in die Nähe seiner Beute kommt. Aufgrund der Erfahrungen wird es fast zur Regel, den Kurs so zu wählen, daß der Hilfskreuzer hinter dem Heck den Kurs des anzuhaltenden Schiffes kreuzt, weil so das übliche Heckgeschütz am besten zu überwachen ist.

Zum geeigneten Zeitpunkt befiehlt der Kommandant »Stiller Alarm!«. Die Besatzung eilt auf Gefechtsstationen und macht alles klar mit Ausnahme des Enttarnens. Alle Stationen melden dem Kommandanten »Klar zum Gefecht!«. Nur wenige Leute an Oberdeck, nicht mehr als im Frieden an Bord eines Schiffes gleicher Größe üblich, können nun das Geschehen beobachten. Die meisten sind auf das angewiesen, was ihnen Kameraden durch den Fernsprecher berichten: Kursänderungen der Beute, Besetzen des Geschützes.

Auf den Befehl »Kriegsflagge setzen. Enttarnen!« steigt die Flagge am Mast oder an einer Gaffel empor, dort jedenfalls, wo man sie vom anzuhaltenden Schiff aus eindeutig erkennen kann. Die Klappen geben die Geschütze frei. Mit dem Flaggensignal »Stoppen Sie sofort!« fällt ein Schuß vor den Bug. Laufend meldet der Funkraum seine Beobachtungen: »Gegner funkt nicht!«. Läuft alles seinen gewünschten Gang, antwortet der Angehaltene mit Signalflaggen oder mit der Dampfpfeife oder dem Heuler. Drei kurze Töne bedeuten, daß er seine Maschine auf Rückwärtsgang gelegt hat. Zudem wird er aufgefordert, seine Schiffspapiere zur Prüfung mit einem Boot längsseits zu bringen, um Schiff und Ladung entsprechend der Prisenordnung zu prüfen. Der Kommandant wird dann entscheiden, ob er das Schiff entlassen, versenken oder als Prise in die Heimat schicken wird. Doch ist diese friedliche Art des Kreuzerkriegs schon seit der Mitte des I. Weltkriegs nahezu vorbei. Meist versuchen die Kapitäne durch vorgetäuschte Schwierigkeiten Zeit zu einem Fluchtmanöver zu gewinnen, z. B. dadurch, daß sie behaupten, der Seegang sei zu schwer für ihr Boot. Dann kann der Hilfskreuzer sich nur helfen, indem er sein Boot mit dem Untersuchungskommando zum angehaltenen Schiff schickt. Auch dort können allerlei Schwierigkeiten gemacht werden, ohne daß man den fremden Kapitän in allen Fällen dafür belangen kann. Ist das Untersuchungskommando dann trotz aller Schwierigkeiten an Bord, verteilen sich die Soldaten blitzartig auf alle wichtigen Stellen des Schiffes und bringen es, gegebenenfalls mit Waffendrohung, in ihre Gewalt. Das Untersuchungsergebnis wird durch Wink- oder Morsespruch dem Kommandanten gemeldet, der daraufhin seine Entscheidung trifft. Wird das Schiff versenkt, steigt die Besatzung unter Mitnahme des Nötigsten in die eigenen Boote, um die nächste Küste zu erreichen, oder um vom Hilfskreuzer aufgenommen zu werden. Wird das Schiff als Prise in die Heimat geschickt, kommt ein Prisenkommando an Bord, was meist schon das Untersuchungskommando ist, und fährt das Schiff in die Heimat, dabei in vielen Fällen von Teilen der bisherigen Besatzung unterstützt.

Die auf den Seiten 92 bis 96 folgenden Bilder sprechen eine beredte Sprache von dem immer blutiger werdenden Kampf zwischen Hilfskreuzer und Handelsschiff. Mehr und mehr sind die Frachter bewaffnet; immer häufiger greifen die Funker zur Taste, um den verhaßten »raider« zu melden, auch wenn dieses Verhalten gegen das Völker- und Kriegsrecht verstößt. Der Höhepunkt an Verspottung des gültigen Rechts dürfte der Fall sein, wo ein Schiff um ärztliche Hilfe für die Verletzten bittet, während das Heckgeschütz das Feuer wiederaufnimmt. Auch der Trick der englischen U-Bootfallen aus dem I. Weltkrieg wird wieder aufgewärmt: Die Besatzung simuliert das panikartige Verlassen des Schiffes mit ein oder zwei Booten, während Geschützmannschaften sich solange verbergen, bis der Hilfskreuzer in eine günstige Schußposition

Stiller Alarm. Unbemerkbar von außen
eilt die Besatzung auf Gefechtsstationen.
(Widder)

Orion setzt die Kriegsflagge, um sein
erstes Schiff, die *Tropic Sea* am
19. 6. 1940, anzuhalten.

Weithin sichtbar und gut erkennbar
weht auf *Orion* der Befehl zum soforti-
gen Stoppen.

Auf *Widder* werden die klappbaren Teile der Reeling niedergelegt, um den Geschützen freies Schußfeld zu geben.

Einzelheiten der Tarnklappen sind hier gut zu sehen. *(Widder)*

Das Geschütz ist enttarnt. Anfangs hat *Widder* nur die einfachen Schutzschilde. Die Tarnung ist erst kurz vor dem Auslaufen angebracht worden. Das Geschütz ist feuerbereit und auf das Ziel gerichtet.

Ein 15-cm-Geschütz von hinten. Auf den Taustropps liegt Munition bereit, rechts Kartuschen, weiter links am Geschütz Granaten. Vermutlich ist dieses Bild bei einer Schießübung aufgenommen worden. *(Widder)*

Das Heckgeschütz von *Widder* ist enttarnt und klar zum Feuern.

gekommen ist, um ihn dann mit einem Geschoßhagel zu überfallen. Mit nur einer Ausnahme gelingt es den Waffenmannschaften des Hilfskreuzers, den Widerstand des Gegners in kurzer Zeit zu brechen und das Schiff in die eigene Gewalt zu bringen, um dann das Bestmögliche aus der verfahrenen Lage zu machen.

Je nach Zustand des Schiffes, nach Brennstoffvorrat und Ladung, aber auch nach dem augenblicklichen Bedarf des Hilfskreuzers an bestimmten Gütern entscheidet der Kommandant über Versenken oder vorläufiges Mitnehmen, sei es als Versorger für sich oder andere Hilfskreuzer, sei es nach einer gewissen Zeit als Prise in die Heimat, in ein neutrales Land oder, wie im II. Weltkrieg häufig, nach Japan. Wie stark die Hilfskreuzer nicht nur von Versorgern, sondern auch aus den beschlagnahmten Schiffen leben, zeigt eine Bemerkung des *Orion*-Kommandanten im K. T. B., wo er sich über die seiner Meinung nach voreilige Versenkung eines Schiffes durch *Komet* beklagt. Offensichtlich ist sich der Kommandant *Komet* mit seinem weit moderneren Schiff nicht im klaren, was die alte Antriebsanlage auf *Orion* für materielle Anforderungen stellt, und wie stark sich auf *Orion* die Vorräte an Holz, Blech, Farbe und vor allem an Sauerstoff gelichtet haben. Jedes Tarnen verlangt eine Unmenge von Sauerstoff zum Brennen und Schweißen. Frischproviant wird nach Möglichkeit restlos übernommen. Auch wird nach Prüfung Öl und Wasser auf den Hilfskreuzer gepumpt.

Mit der wachsenden Schärfe des U-Bootkrieges nimmt die peinlich genaue Beachtung der Bestimmungen des »Handelskrieges nach Prisenordnung« in beiden Weltkriegen ab, weil ihre strikte Beachtung den sicheren Untergang des Hilfskreuzers in absehbarer Zeit verursacht. Mehr und mehr sind die angehaltenen Schiffe bewaffnet,

und immer häufiger senden sie im Augenblick, in dem sie eine Gefahr wittern, eine Meldung in den Äther mit der Folge, daß der Hilfskreuzer die Funkerei nicht nur durch Störsendungen wirkungslos, sondern durch Granaten in den Funkraum jedes Senden unmöglich macht, ja machen muß. Da die Handelsschiffe noch kein Radar besitzen, legen die Kommandanten die Jagd – das Suchen der Beute – auf den Tag, das Anhalten in die Nacht. Sie erleben aber auch dabei Überraschungen, denn der bei Tage beobachtete Dampfer läßt sich nicht finden: mißtrauisch geworden hat er bei Anbruch der Dunkelheit einen Haken geschlagen. Meist jedoch gelingt es dem Hilfskreuzer, sich auf dem bei Tage erkoppelten Weg des »Wildes« vor dieses zu setzen, um sich dann auf Gegenkurs ihm sehr schnell zu nähern und es überfallartig vor vollendete Tatsachen zu stellen.

Daß bei der tagsuber durchgeführten Suche die Bordflugzeuge eine große Rolle spielen, liegt auf der Hand. Auch durch die Verwendung von deutschen Versorgern oder aufgebrachten Feindschiffen, die je nach Sicht in großem Abstand querab vom Hilfskreuzer fahren, wird die Breite des Suchstreifens von normal etwa 40 Seemeilen auf nahezu das Doppelte vergrößert. Einmal fahren auch zwei Hilfskreuzer an den Grenzlinien des Streifens, durch einen Versorger – als Signalwiederholer zwischen ihnen fahrend – verbunden.

Daß trotz der Verschärfung aller Kriegsmaßnahmen die Menschlichkeit nicht vergessen wird, ist den Kommandanten eine Selbstverständlichkeit, muß aber – leider! – ganz ausdrücklich betont werden, denn – wie schon an anderer Stelle angedeutet – haben die Alliierten auch nach dem II. Weltkrieg den *Widder*- und *Michel*-Kommandanten von Rucksteschell vor ein Kriegsgericht befohlen, dieses Mal mit Erfolg. Man wirft ihm vor,

Der Anhalteschuß von *Orion* gegen *Tropic Sea* (19. 6. 1940).

Hilfskreuzer *Widder* hat am 10. 7. 1940 sein Boot mit dem Untersuchungskommando zum englischen Frachter *Davisian* (6433 BRT) geschickt. Das Kommando ist an Bord gestiegen. Die Dampferbesatzung hat bereits ein Boot ausgesetzt und ein zweites zum leichteren Einsteigen bis in Reelinghöhe gefiert.

auf eine im Boot vom sinkenden Schiff fortrudernde Besatzung geschossen zu haben. Vorstellbar ist, daß das Boot – bei Nacht unbemerkbar! – in die Schußlinie der Artillerie geraten ist, als das Schiff versenkt werden soll. Verwundet ist in dem Boot sowieso niemand! Wie sehr sich von Ruckteschell um die unglücklichen Opfer dieses harten Krieges gekümmert hat, geht aus seinem K. T. B. über die Versenkung der britischen *Empire March* am 27. 12. 1942 hervor. Das Flugzeug hat das Schiff tagsüber entdeckt. Nachts wird das LS-Boot *Esau* ausgesetzt, um eingreifen zu können. Nach Versenkung des Schiffes durch je zwei Torpedos von *Michel* und *Esau* fährt das K. T. B. fort:

Ich rufe das LS-Boot zum Schiff. Es hat drei Gefangene an Bord, die es im Laufe des Gefechtes weit achteraus fischte. Sie werden an den Michel übergeben. – Das Boot bekommt Befehl, bis zum Einsetzen, das in der Zwischenzeit vorbereitet wird, weiter nach Schiffbrüchigen

zu suchen und sie aufzunehmen. – Der »Michel« nutzt die Zeit ebenfalls zur Rettung Überlebender. – Manöver fährt der Erste Offizier. In mühseliger Arbeit wird vom »Michel« Mann für Mann aus dem Wasser gezogen. – 23.42 Uhr: LS-Boot eingesetzt, mit weiteren elf Gefangenen an Bord. Unter den Gefangenen sind fünf zum Teil Schwerverwundete. – Nach dem Einsetzen des LS-Bootes werden bis 01.00 Uhr weitere Überlebende gefischt, die Gefechtskurse nachgefahren, Boote und Flöße untersucht. Sie sind alle leer. Die Besatzung bestand aus 58 Mann. Davon wurden 25 gerettet, einschließlich des Kapitäns als einzigem Offizier ... Wir haben für die Rettung der Überlebenden wieder fast 2 1/2 Stunden verwandt und beabsichtigen, am Morgen wieder zur Versenkungsstelle zurückzufahren, um den Platz rein zu machen.

Soweit die Auszüge aus dem K.T.B. *Michel*, die für sich sprechen.

Der britische Frachter *Benavon* hat sich zur Wehr gesetzt, ist mehrfach getroffen und brennt nahezu überall. *(Pinguin)*

Das Untersuchungskommando an Bord der brennenden *Kemmendine,* in der Hoffnung, interessante, möglichst geheime Unterlagen zu finden, die in der Panik vergessen sein können. *(Atlantis)*

PASSENGERS NOT ALLOWED FORWARD OF THIS RAIL.

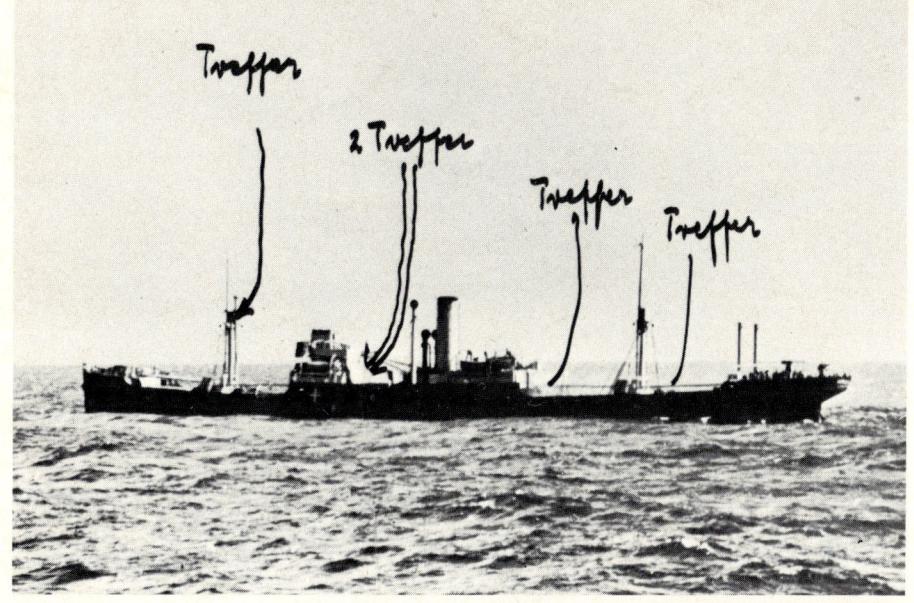

Eine Anlage zum Kriegstagebuch *Thor:* Trefferbild des britischen Frachters *Wendover* (5 489 BRT), am 16. 7. 1940 versenkt.

Die Besatzung des versenkten Schiffes pullt in die Nähe des Hilfskreuzers *Atlantis.*

Das Untersuchungskommando von *Kronprinz Wilhelm* längsseit des russischen Schoners *Pitan.* Die Ladung ist nicht kriegswichtig und wird dem Kapitän nebst seinem Schiff zurückgegeben (27. 8. 1914).

Aus Mangel an Munition entschließt sich der Kommandant des Hilfskreuzers *Kronprinz Wilhelm*, den englischen Schoner *Wilfrid M* zu rammen. Das Schiff treibt auf seiner Holzladung weiter.

Ein Bild, das aus dem I. Weltkrieg stammen könnte: Hilfskreuzer *Widder* hält die finnische Bark *Killoran* an und versenkt sie als einzigen im II. Weltkrieg von einem Hilfskreuzer vernichteten Segler (10. 8. 1940).

Die letzte Versenkung durch *Atlantis*: der britische Frachter *Balzac* (5 372 BRT) ist bereits angeschlagen (22. 6. 1941).

Die Artillerie von *Atlantis* hat auf dem Norweger *Talleyrand* noch schwerer einwirken müssen, um den Kapitän zum Einlenken zu bringen (2. 8. 1940).

Deutlich sind die Trefferwirkungen auf dem Briten *Athelking* zu sehen. Brücke und Funkraum und die Heckgeschütze sind stets die wichtigsten Ziele beim Anhalten eines Dampfers, der dem Stoppbefehl nicht folgt und womöglich das Feuer erwidert. *Atlantis* am 9. 9. 1940.

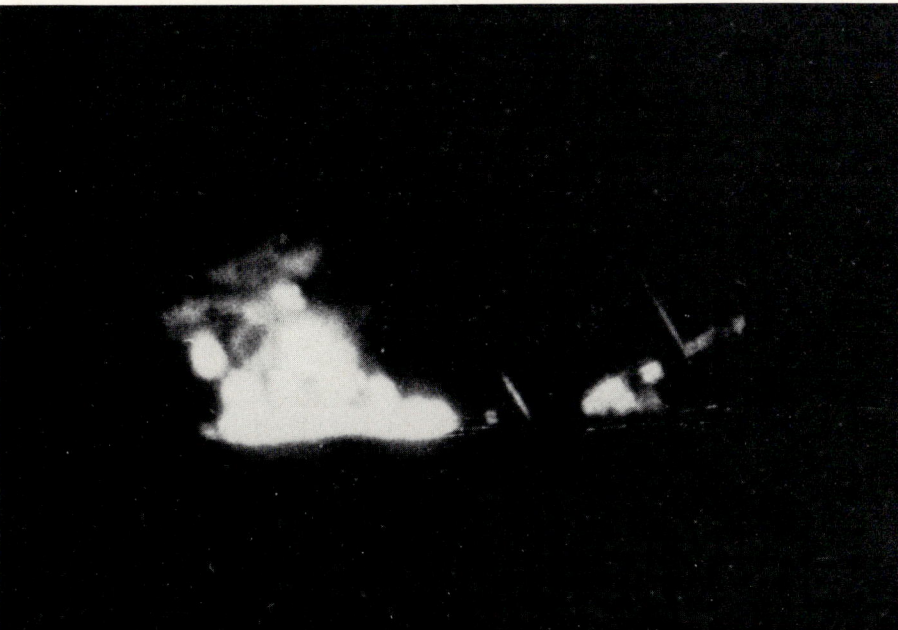

Der schaurige Untergang des norwegischen Tankers *Beaulieu* am 4. 8. 1940. (*Widder*)

Jagd auf Walfänger

An der Spitze aller deutschen Hilfskreuzer hinsichtlich des größten Ergebnisses in kürzester Zeit steht *Pinguin* mit der Wegnahme von zwei norwegischen Walfangflotten in der Antarktis vom 13. bis 15. Januar 1941. Nicht allein dieser Rekord ist die Ursache, sich etwas eingehender mit den damaligen Ereignissen zu befassen, sondern das überlegte Vorgehen. Da das Geschehen nicht kürzer und zugleich verständlicher und eindringlicher geschildert werden kann, als es der Kommandant im K.T.B. bereits getan hat, werden drei Faksimiles hieraus gebracht. Zwischen Faksimile 1 und 2 liegen fast 28 Stunden, in denen *Pinguin* den zuletzt vermerkten Entschluß durchführt, zwischen Faksimile 2 und 3 fast 22 Stunden, was beim Lesen bedacht werden sollte. Weniger wichtige Passagen sind fortgefallen, in Faksimile 2 und 3 auch die zweite Spalte mit den Angaben über das Wetter usw.

Pinguin hat den Funksprechverkehr der norwegischen Walfangflotten in aller Ruhe beobachtet, so daß sowohl die Gewohnheiten der Walfangboote und der Walkocher als auch die Eigentümlichkeiten des Telephonieverkehrs wohlbekannt sind. Trugschlüsse in der Auswertung der Gespräche von Schiff zu Schiff und Mißverständnisse im Blick auf den Fang- wie Verarbeitungsbetrieb sind dadurch nach menschlichem Ermessen ausgeschlossen. Im Sprechverkehr sind beobachtet worden die Fabrikschiffe *Ole Wegger* (12201 BRT) und *Pelagos* (12083 BRT) sowie das Tankschiff *Solglimt* (12246 BRT), welches bei den Walkochern die Produkte an Öl, Tran usw. abholt. *Solglimt* soll am 13. 1. gegen 05.30 Uhr deshalb bei *Ole Wegger* längsseit kommen.

Die weiteren Entschlüsse auf *Pinguin* und deren Ausführung schildert Faksimile 1.

Kurz vor Mitternacht am 13. 1. setzt dann die Berichterstattung durch Faksimile 2 wieder ein. Seiner Sache unbedingt gewiß, kann der *Pinguin*-Kommandant warten, um dann schlagartig und überraschend *Solglimt* und *Ole Wegger* zu nehmen. Bereits nach 25 Minuten kommt die Meldung über das Gelingen.

Faksimile 3 setzt am Abend des 14. 1. ein und hält die Fortnahme der Walkocherei *Pelagos* und eines großen Teiles der zugehörigen Fangboote fest.

Insgesamt werden folgende Schiffe in diesen beiden Nächten aufgebracht:

Walkocher *Ole Wegger*	12201 BRT
Walkocher *Pelagos*	12083 BRT
Öltransporter *Solglimt*	12246 BRT

sowie
11 Walfangboote von 249 bis 361 BRT.

Ole Wegger hat an Bord: 7000 t Walöl, 5500 t Heizöl, ca. 190 Mann und Proviant für 10 Wochen. Das Schiff verbraucht bei 10 Knoten Fahrt täglich 45 t Brennstoff.

Solglimt hat bereits 4000 t Walöl übernommen, hat noch 4000 t Heizöl, 60 Mann, Platz für weitere 300 Mann, Proviant für 10 Wochen und auf der gerade in Montevideo (neutrales Land) eingebauten Plattform noch kein Geschütz. Drei der zu *Ole Wegger* gehörenden Fangboote entkommen.

Pelagos hat 9500 t Walöl und 800 t Heizöl an Bord, dazu 210 Mann Besatzung. Bei 11 Knoten verbraucht er täglich 60 t Brennstoff. Auch hier ist ein Proviantvorrat für 10 Wochen vorhanden.

Drei Walfangboote sammeln zum Treffen mit *Solglimt* und *Ole Wegger*.

Datum und Uhrzeit	Angabe des Ortes, Wind, Wetter, Seegang, Beleuchtung, Sichtigkeit der Luft, Mondschein usw.	Vorkommnisse 12.1.
		"Solglimt" ist, wie aus Gesprächen ersichtlich, gegen 0530 Uhr längsseit "Ole Wegger". Nach den bisherigen Funkortungen stehe ich ca. 70 sm ab.
		Über Mittag südöstlich abgelaufen, um westliche Peilungen zur Kontrolle zu bekommen.
2200^h		mit westlichem Kurs angelaufen.
2315^h		kommen 2 Grad an Bb. voraus weiße Lichter in Sicht.
1200^h	56°45' S 04°33' W NWzN 3, Seegang 2 - 3, bedeckt, Schnee und Nebel, mässige Sicht.	
		Ich bleibe weiter in Wartestellung ca. 70 sm nordöstlich von "Ole Wegger". Obgleich die beiden Schiffe wohl heute ab 1000 Uhr zusammen sein werden, entschließe ich mich, mit dem Zugriff zu warten, bis die beiden 12 000 t großen Schiffe längsseit voneinander liegen, da sie dann so gut wie manövrierunfähig sind und ein schneller Zugriff der Prisenkommandos einfacher vor sich geht. Auch muß damit gerechnet werden, daß der Öltransporter "Solglimt" für seine Atlantikfahrten bewaffnet ist. Das Längsseitliegen wird seine Waffenverwendung wahrscheinlich einschränken.
2000^h		verabredet "Ole Wegger" mit "Solglimt", ihn morgen früh um 0400 Uhr längsseit zu nehmen.
		Ich beschliesse, über Nacht nach NW abzulaufen, um die jetzt stilliegenden Schiffe genau einzupeilen und beabsichtige, meinen Anlauf danach morgen so anzusetzen, daß ich von der fangbootfreien Seite kommend, nachts überraschend bei den Schiffen stehe.

Aus vorgefundenen Papieren geht eindeutig hervor, daß die in England sitzende Königlich-Norwegische Regierung der Besitzer der Fangflotten ist und somit die aufgebrachten Schiffe versenkt oder als Prise heimgeschickt werden können.

Die Kocher-Kapitäne sind zugleich Fangleiter. Sie erhalten Befehl, die vielen bereits gefangenen Wale zu verarbeiten, wofür ihnen eine Bezahlung zugesichert wird.

Am 15. 1. wird erstmalig Funktelephonieverkehr der zur Kocherei *Thorshammer* gehörenden Fangboote untereinander und mit ihrer Kocherei beobachtet. Daraus wird mit Recht geschlossen, daß die entkommenen *Ole Wegger*-Fangboote diese Gruppe alarmiert haben und daher ein Jagen sinnlos ist.

Pinguin sammelt nun seine weit verstreute Beute auf *Pelagos* und entscheidet über die Zukunft der Prisen: *Pelagos* soll, da er am wenigsten wie ein Walkocher aussieht, als erstes Schiff nach Westfrankreich entsandt werden. Dazu übernimmt er Walöl von *Solglimt* und ergänzt dort auch seinen Brennstoffvorrat. *Solglimt* soll als zweite Prise folgen. Eine Besprechung mit den Prisenoffizieren und den Kapitänen regelt alle weiteren Einzelheiten. Zur Vorbereitung des Marsches in die Heimat werden zwei Tage angesetzt. *Pinguin* nutzt diese Zeitspanne zum Ablaufen auf einen weit entfernten Ort, der von den Peilstationen an Land möglichst schwer eingepeilt werden kann, um einen Lagebericht abzugeben.

Die drei großen Schiffe erreichen ungehindert die

13.1.

Etwas später sind viele Lichter der beiden großen längsseitliegenden Schiffe und daneben einzelner Fangboote auszumachen.

Kurz darauf kommt in einer Schneeboe alles aus Sicht und bleibt für ca. 45 Min. verschwunden.

Wir können uns daher völlig ungesehen nähern.

14.1.
0015ʰ klart es auf. "Pinguin" steht unmittelbar bei den Schiffen.

0020ʰ Scheinwerfer leuchten, Aussetzen der Boote.

Die Schiffe, die im Scheine unzähliger Deckslampen und Tiefstrahler mit mehreren Walen zwischen sich längsseit liegen, werden einmal abgeleuchtet, um so die Anwesenheit eines Kriegsschiffes zu dokumentieren. Ein Schuß wird vorläufig nicht abgegeben, um die wie im tiefsten Frieden arbeitenden Leute nicht unnötig nervös zu machen und die Fangboote nicht aufzuscheuchen.

Mehrere Male absetzen des Morsespruchs
"Do not use wireless and telefone.
We send a boat !"

Inzwischen sind 2 Prisenkommandos in 2 Booten längsseit.

Die Maschine meldet, nachdem das Schiff gestoppt hat, einen Motor unklar, ein Cylinder macht Wasser. Aufnehmen des Cylinders wird sofort begonnen, es wird Riß im Cylinderdeckel festgestellt.

0045ʰ Morsespruch :
"Schiffe sind in unseren Händen !"

2209ʰ taucht hinter Eisfeldern, die in der einsetzenden Dunkelheit erst umfahren werden müssen, voraus ein weisses Licht auf. Es ist dies eins der "Pelagos"-Boote, das westlich von ihm bei Walflaggen liegt. Es wird in 3 - 4 sm Abstand passiert, in der Annahme, daß die Besatzung schläft. Tatsächlich erfolgt nichts.

Seit
2255ʰ sind mehrere weitere Lichter voraus zu sehen, die bald als die der in vollem Betrieb und hell erleuchteten Kocherei ausgemacht werden. Mit Höchstfahrt bis 200 m an das Schiff, in dessen Nähe 5 Fangboote liegen, herangefahren, und um

2400ʰ zugleich mit Booteaussetzen, den Morsespruch abgegeben, nicht zu funken oder zu telefonieren.

15.1. Die Inbesitznahme der Kocherei gelingt reibungslos. Ein Fangboot, welches zusammen mit "Pinguin" bei der Kocherei anlangte, wird nach Morseaufforderung zu stoppen, unmittelbar neben uns vom Verkehrsboot besetzt und mit diesem Fangboot die abgeteilten Kommandos auf weitere Fangboote abgesetzt.

Der "Pelagos"-Kapitän erhält Anweisung, seine Boote unauffällig telefonisch zurückzurufen. Die aussenstehenden Fangboote kommen dieser Telefonieaufforderung heranzukommen, nach und werden jeweils gleich wahrgenommen.

Ein typischer Walfänger mit der hohen Brücke, dem Laufsteg zur Back mit dem Harpunengeschütz und der Ausgucktonne im Mast.

Walkocher *Ole Wegger* läuft in Bordeaux ein. Die zwei nebeneinander stehenden Schornsteine und die Tormasten lassen das Schiff schon weithin als Walkocher erkennen.

Pelagos sieht am wenigsten wie ein Walkocher aus und wird daher als erste Prise nach Frankreich geschickt. Auch dieses Schiff läuft wohlbehalten in Bordeaux ein.

französische Atlantikküste. Neun Fangboote laufen ebenfalls nach teilweise abenteuerlicher Seefahrt ein und werden als U-Bootjäger und Minensucher eingesetzt. Zwei Fangboote werden von englischen Seestreitkräften auf der Breite von Gibraltar gestellt und versenken sich selbst, darunter *Star XXIV*, der bereits von den Engländern durchsucht und als unverdächtig entlassen ist, aber mit Recht befürchtet, daß die Selbstversenkung des Schwesterbootes *Star XIV* die Engländer erneut an Bord kommen läßt. – Ein Fangboot, *Pol IX*, wird zur Verlängerung der Suchbreite von *Pinguin* behalten und kommt nach dem Untergang von *Pinguin* in die Obhut des Versorgers *Alstertor* und dann des Hilfskreuzers *Komet*, der ihn als Minenschiff *Adjutant* in den Gewässern von Neu-

seeland einsetzt. Danach wird *Adjutant* als Zielscheibe für die Artillerie des *Komet* gebraucht und am 1. 7. 1941 versenkt.

Der materielle Wert der heimgebrachten Prisen ist beachtlich, vor allem durch das Walöl für die Herstellung von Margarine. Die Aussichten, den Handelskrieg noch länger fortsetzen zu können, werden durch die Vorräte an Lebensmitteln und Brennstoff für *Pinguin* und andere Hilfskreuzer beträchtlich verbessert.

Der die Schiffe *Ole Wegger* und *Solglimt* untersuchende Offizier entdeckt auf *Ole Wegger* ein 10,5-cm-Geschütz und auf *Solglimt* sogar zwei Geschütze dieses Kalibers, davon eins für *Pelagos* bestimmt, und 300 Granaten für jedes Geschütz.

Walkocherei *Ole Wegger* läuft in einem französischen Hafen ein. Deutlich ist die Teilung der Aufbauten sichtbar, die erforderlich ist, um den Wal von achtern nach vorn zu bringen, wobei er systematisch zerlegt wird.

Ein Walfänger kommt bei *Pinguin* längsseit und benutzt einen Wal als Fender, als Stoßdämpfer.

Ein Walfangboot macht nach langer
Reise neben seinen Schwesterbooten in
einem französischen Hafen fest.

102

Freizeit

Es gibt im Hilfskreuzerdasein Wochen und Monate voll tödlicher Langeweile, weil sich keine Beute zeigt, weil das Operationsgebiet gewechselt werden muß, weil ein anderer Hilfskreuzer in einem bestimmten Vorhaben nicht gestört werden soll, weil das eigene Schiff und vor allem seine Antriebsanlage überholt werden muß oder auch weil der Kommandant es für richtig hält, eine Zeitlang nicht in Erscheinung zu treten, weil er die Auswirkung seiner letzten Taten abwarten will oder muß.

Schon dem Offizierkorps, das des Kommandanten Gedankengänge mehr oder minder mitgeteilt bekommt, fällt es schwer, die Geduld nicht zu verlieren, insbesondere dann, wenn – wie es immer wieder vorkommt – eine sichere, harmlose Beute nicht genommen wird. Um so verständlicher ist es, wenn Unteroffiziere und Mannschaften in derartigen Lagen ihren »Alten« nicht mehr verstehen. Abhelfen kann da nur ein offenes Wort des Kommandanten, der, ohne seine letzten Gedanken und vor allem Absichten bekanntzugeben – für den Fall, daß jemand in Kriegsgefangenschaft gerät! –, seinen Männern klaren Wein einschenkt. Jedem Kommandanten ist es eine Selbstverständlichkeit, jeden Spaß mitzumachen, ja, ihn durch Bordfeste, Linientaufe, Sportwettbewerbe, Vorträge und Bordzeitungen selbst auszulösen. Soweit es die Umstände erlauben, reitet die Besatzung das jeweilige Steckenpferd. Musizieren, Malen, Schnitzen, Spiele aller Art und Lesen stehen zwar nicht auf einem Programm, kommen aber sicher täglich zu ihrem Recht. Die Hilfskreuzer haben eine große Bücherei an Bord, dazu Filme und Vorführgeräte. Der Funkraum überträgt mit der Lautsprecheranlage, die zugleich als Befehlsanlage in alle Räume dringt, Musik nach Wahl. Die in der Heimat so beliebten Wunschkonzerte werden auch hier in der Weite der Ozeane aufgezogen. Ja, auch die Möglichkeit, die an der Landfront gang und gäbe ist, gibt es zwischen Australien und Afrika: die Ferntrauung. Da die Postverbindung aber sehr selten ist, kommt noch seltener eine Verbindung zustande, die die rechtlichen Voraussetzungen für eine Eheschließung durch den Kommandanten als Standesbeamten schafft.

Über allen Bemühungen, eine gute, vom gegenseitigen Vertrauen getragene Stimmung an Bord zu schaffen und zu erhalten, steht die Aussprache von Mann zu Mann ohne Rücksicht auf Dienstgrad und Dienststellung und die Wahrung einer tadellosen Disziplin. Dieses ist – neben der Pflege des Schiffes und seines Ausbildungsstandes – die vornehmste Pflicht des Ersten Offiziers.

Während des II. Weltkriegs gibt es auf einigen Hilfskreuzern sogar Urlaub, d. h. eine völlige Dienstbefreiung für eine bestimmte Zeit außer bei »Alarm«.

Wenn der Seemann auf Wache ist, darf er sich durch seine »Außenbordkameraden« nicht ablenken lassen. In der Freizeit genießt er dann die Bewegungen der Delphine um so ungestörter. *(Stier)*

Was rauhe Seemannsfäuste an Zartem schaffen können, ist erstaunlich. Erinnerung oder Wunschbild? *(Orion)*

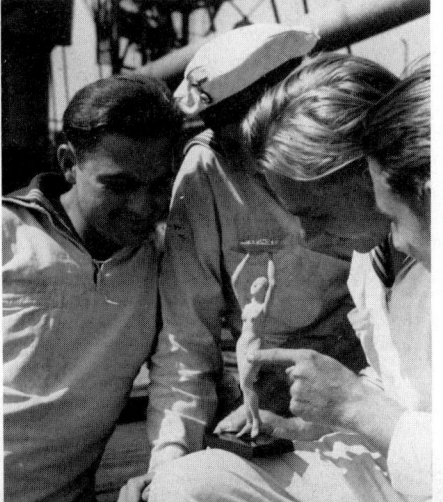

Linientaufe auf *Kronprinz Wilhelm*. Poseidon ist von seiner Gattin Thetis und dem Aktuar (mit »Börsenstahlhelm«) eingerahmt. Die alten Fahrensleute schauen begeistert zu.

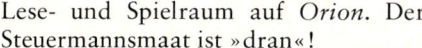

Lese- und Spielraum auf *Orion*. Der Steuermannsmaat ist »dran«!

Dieser Seemann baut an Bord ein Modell der *Horst Wessel*. (*Orion*)

Der Nachschub

Bei allen Hilfskreuzerunternehmungen spielt der rechtzeitige Nachschub von Brennstoff eine entscheidende Rolle, wenn man vom Sonderfall *Seeadler* absieht. Am schwierigsten ist dieses Problem für die 1914 in Dienst gestellten Schnelldampfer mit Kohlenverbrauch bis zu 350 t täglich zu lösen. Die Schnelldampfer fassen nur den Bedarf für ihre jeweilige Route und kommen nur auf ein Fassungsvermögen von max. 3000 t. Jetzt sollen sie aber möglichst lange operieren. Rücksichtslos werden die Innenräume ausgeräumt, um Kohlenrutschen und Transportbahnen Platz zu machen. Die in die Bordwände eingebauten Kohlenluken sind in See beim Längsseitliegen völlig unbrauchbar und werden durch Bunkeröffnungen in den Decks ersetzt. Das bei Passagierdampfern nur geringe Ladegeschirr muß durch schnell arbeitende Kohlenwippen ergänzt werden. Und dann darf der Seegang kaum stärker als 3 sein, wenn Schiffe nebeneinander liegen sollen, ohne sich gegenseitig zu zerschlagen. Alle diese Aufgaben hat *Kronprinz Wilhelm* viele Monate gelöst, am Ende vom Mangel an frischer Nahrung bezwungen.

Ähnliche Lösungen werden auf allen anderen Schiffen durchgeführt. Aber wenn der Nachschub fehlt, bleibt kein anderer Entschluß, als das Schiff in einem neutralen Hafen internieren zu lassen wie *Cormoran* und *Prinz Eitel Friedrich*. Alle späteren Kohlenbrenner unter den Hilfskreuzern haben es leichter, denn ihre Bunker fassen den Bedarf für Wochen und Monate und können durch Hinzunahme der Laderäume, soweit diese nicht anderweitig beansprucht werden, erweitert werden. Das Ladegeschirr ist für die Übernahme von Massengut in Netzen, Säcken oder Schlaufen vorbereitet. Die Decksmannschaft weiß mit diesem Geschirr umzugehen. Doch auch hier spielt der Seegang häufig eine verzögernde Rolle.

Zu Anfang des I. Weltkriegs arbeitet die Etappenorganisation noch zufriedenstellend. Nach ein oder zwei Monaten bleibt aber jeder von Land aus gesteuerte Nachschub aus. Helfen kann nur der Feind. Also werden die Kohlen auf den entsprechenden Wegen auf Seglern und Dampfern gesucht, ein Verfahren, das die Hilfskreuzer ab Herbst 1914 allgemein anwenden müssen, wollen sie

Links:
Kronprinz Wilhelm schleppt die am 28. 10. 1914 aufgebrachte französische Viermastbark *Union* (2183 BRT, 3135 t Kohle) auf einen Platz, wo die See nicht zu unruhig ist. Ein Kommando bereitet inzwischen die Bark zur Kohlenabgabe vor, baut die eisernen Rahen und Stengen ab und befreit das Deck von allem, was bei der Kohlenabgabe im Weg ist. Am

2. 11. macht der Hilfskreuzer den Versuch, trotz Seegang 6 (!) *Union* längsseit zu nehmen, da der Kohlenbestand auf 350 t gesunken ist. Am 5. 11. nimmt der Sturm ab. Am nächsten Tage können unter viel Mühen 45 t übernommen werden. Später wächst die Menge bis zu 300 t täglich. Eine furchtbare Knochenschinderei.

Auf *Union* wird das handbetriebene Spill zum Hieven der Kohlen aus den Laderäumen benutzt. Wer sich das klarmacht, kann sich vielleicht eine Vorstellung von der Arbeit machen, die die zu mehr als 95% aus Reservisten bestehende Besatzung des Hilfskreuzers *Kronprinz Wilhelm* immer wieder — d. h. an 70 Tagen der 248 Tage dauernden Unternehmung — leistet.

Verhältnismäßig einfach ist die Kohlenübernahme aus einem Frachter, dessen
Ladegeschirr benutzt werden kann. Hier
kohlt *Möwe* während der zweiten Fahrt
aus *Saint Theodore*, bevor dieser Dampfer zum Hilfskreuzer *Geier* umgewandelt wird. Den Rest Kohlen nimmt *Möwe* über, bevor *Geier* am 14. 2. 1917
versenkt wird.

Auf *Widder* werden die Schläuche nach
einer Ölübernahme nach achtern aufgelaufen, um wieder entkuppelt und verstaut zu werden. Die Manilatrosse liegt
teilweise unter dem Schlauch.

nicht bewegungslos liegenbleiben. Oft ist allerdings die erbeutete Kohle so schlecht, daß sich die Übernahme nicht lohnt.

Eindrucksvoll ist die grafische Darstellung des täglichen Kohlenverbrauchs und der tageweise übernommenen Kohle, ein Bild, das sich der jüngste Hilfskreuzerkommandant täglich und nahezu stündlich hat ansehen müssen: KL Thierfelder auf *Kronprinz Wilhelm* (wiedergegeben in »Der Krieg zur See 1914–1918 – Der Kreuzerkrieg in den ausländischen Gewässern«). Seine Entschlüsse werden weitgehend von der Kohlennot diktiert.

Zwischen den beiden Weltkriegen ändert sich das Bild der Handelsschiffe vor allem durch den Übergang von der Kohle zum Heiz- und Dieselöl als Brennstoff. So befinden sich unter den im II. Weltkrieg angehaltenen Schiffen nur noch einzelne Kohlenbrenner – und nur noch ein Großsegler. Mit dem Öl als Energieträger wächst die Größe der Verantwortung der Maschinenmannschaft, denn Ölkessel und Dieselmotoren sind leichter zu Bruch gefahren als Kohlenkessel. Die modernen Anlagen sind gegen Unterschiede in der chemischen Zusammensetzung des Brennstoffs empfindlicher. Daher wird eine Probe jeder Ölsorte, die in Tankern als Ladegut oder auf Frachtern als Betriebsstoff gefunden wird, auf den Hilfskreuzer gebracht und in einem eigens dafür eingerichteten Labor auf Verwendungsfähigkeit untersucht.

Fällt das Ergebnis zur Zufriedenheit aus, wird das kostbare Naß auf den Hilfskreuzer oder eines seiner Begleitschiffe gebracht. Schmieröl kommt in der Regel in Fässern herüber. Doch die nach hundert und tausend Tonnen messenden Mengen an Heiz- und Dieselöl werden durch Schlauchleitungen umgepumpt. Hierzu hängt sich in der Regel der Hilfskreuzer mit Trossen an den Tanker bzw. Frachter, weil so die Entscheidung, ob er bei drohender Gefahr die ganze Verbindung loswerfen oder gar kappen wird, in der Hand des Hilfskreuzer-Kommandanten bleibt. Nach der üblichen Weise – erst Wurf- oder Schießleine, dann dünne und schließlich dicke Manila-Trosse – wird die Schleppverbindung hergestellt. Bei einem für dieses Manöver nicht vorbereiteten Frachter oder Tanker ist es erforderlich, daß dessen Besatzung an einer besonderen Leine die aneinander gekuppelten Ölschläuche an Bord holt. Die Ölschläuche sind in regelmäßigen Abständen an einer sie tragenden Schwimmleine befestigt. Der verschlossene Anfang des Gesamtschlauches wird über das Heck an Bord geholt und an den nächstgelegenen Stutzen des Ölrohrsystems angeschlossen. Öllieferer und Hilfskreuzer verständigen sich: das Öl wird zum Hilfskreuzer gepumpt. Nach Übernahme der bestimmten Menge wird der Schlauch abgeschlagen und verschlossen. Der Hilfskreuzer holt zunächst den Schlauch ein, wobei im allgemeinen der

Die im Kielwasser von *Orion* treibende Prise *Tropic Sea* meldet, daß der Schlauch gerissen ist. Das Verkehrsboot von *Orion* behebt den Schaden. Deutlich sind links davon als Verdickungen die Bogen der Schwimmleine zu sehen, die den Ölschlauch trägt.

Orion schleppt den Tanker *Winnetou* mit geringster Fahrt, um diesem das Liegen im Sturm zu erleichtern.

Schlauch durch Seeleute »aufgelaufen« wird, d. h. die Männer nehmen den Schlauch auf der Back auf und rennen damit achteraus, wo die Leitung in Einzelschläuche entkuppelt und die Schwimmleine abgenommen wird.

Wird der Hilfskreuzer von einem marineeigenen Tanker versorgt, so gibt letzterer die Verbindung über das Heck zum Hilfskreuzer, weil auf dem Versorger mehr Platz ist und die Einzelschläuche zweckmäßiger gelagert sind.

Bei jeder Übergabeart wird verlangt, daß beide Schiffe sicher gefahren werden, denn wird der Abstand zu groß oder folgt der Hintermann nicht im Kielwasser des Vordermanns, reißen Schleppverbindung und Ölleitung. Das bedeutet stets einen großen Zeitverlust und damit die Vergrößerung der Gefahr, jetzt, wo der Hilfskreuzer nicht ganz gefechtsbereit sein kann, entdeckt zu werden. Vor allem leidet während der Übernahme, ja bei jedem Zusammensein mit anderen Schiffen die Aufmerksamkeit rundum. Zwar sind alle Ausguckposten besetzt, doch lenkt ein Geschrei an Deck, ein platzender Ölschlauch oder eine ins Wasser fallende Kiste die Aufmerksamkeit ab.

Bei schwerem Wetter müssen sich Hilfskreuzer und Versorger entsprechend umstellen. Je nach dem Verhalten des einen oder anderen Schiffes in Sturm oder Orkan und entsprechendem Seegang drehen die Schiffe bei, d. h. sie fahren mit geringster Maschinenkraft schräg gegen die See, bleiben so steuerfähig und führen die Ölübernahme durch (z. B. Panzerschiff *Deutschland* und Marinetanker *Nordmark* in der Davisstraße zwischen Grönland und Kanada bei Windstärke 12 und Seegang 9 im September 1939).

Ist neben Öl auch anderer Nachschub zu übernehmen, z. B. Lebensmittel, Artilleriemunition, Torpedos, Flugzeuge, und ist es taktisch und seemännisch betrachtet zu verantworten, legen sich Hilfskreuzer und Versorger nebeneinander, wodurch die zeitraubenden Bootsfahrten von Schiff zu Schiff fortfallen. Die risikoreiche Zeit wird verkürzt. Unter diesen Umständen kommen auch mal Gespräche mit den Angehörigen anderer Schiffe zustande, ein Gedanken- und Erfahrungsaustausch zwischen den Kommandanten und den Abschnittsoffizieren und ihren Portepee-Unteroffizieren.

Aus der Heimat kommende Versorger bringen auch

Der Marinetanker *Uckermark* ist der Begleittanker des Panzerschiffs *Admiral Graf Spee* gewesen, allerdings noch unter seinem ursprünglichen Namen *Altmark*. Er wird vor allem dadurch bekannt, daß der englische Zerstörer *Cossack* unter Mißachtung der norwegischen Neutralität die von *Admiral Graf Spee* an Bord gegebenen Gefangenen befreit, wobei einige Leute der deutschen Besatzung fallen. Nun versorgt *Uckermark* Hilfskreuzer mit Nachschub aus der Heimat und später aus Japan. Dort explodiert das Schiff am 30. 11. 1941 in Yokohama vermutlich infolge einer nicht sachgemäßen Tankreinigung. Die in der Nähe liegenden Hilfskreuzer *Thor* und Vorratsschiff *Leuthen* brennen gleichfalls aus.

Treffen im Südatlantik am 21. 6. 1942: links Tanker *Charlotte Schliemann*, rechts Versorger und Blockadebrecher *Doggerbank* (ex *Speybank*, am 31. 1. 1941 von *Atlantis* als Prise heimgeschickt). Im Vordergrund *Michel*.

die sehnlichst erwartete Post und nehmen Post mit, die so abgefaßt sein muß, daß sie nichts verrät, falls sie in Feindeshand fallen sollte.

Das von der Seekriegsleitung gesteuerte Versorgungsnetz ist weltweit gespannt. Mehr und mehr stellen sich im Laufe des Krieges Gebiete heraus, die so gut wie nie befahren werden und daher als Treffpunkte für Hilfskreuzer, Versorger und Beuteschiffe bevorzugt werden. Wird ein solcher Treffpunkt verraten, wird er zu einer tödlichen Falle, in die allerdings ein Hilfskreuzer nicht geraten ist.

Ist ein Treffpunkt ungeschickt gewählt, z. B. im Schnittpunkt belebter Handelsstraßen, wächst die Gefahr einer Entdeckung gewaltig. So befiehlt eines Tages die Seekriegsleitung eine Ölabgabe von *Atlantis* an *U 126* mit dem Ergebnis, daß das Treffen durch den Schweren Kreuzer *Devonshire* entdeckt und *Atlantis* schwer beschädigt wird und aufgegeben werden muß.

Bei besonderen Lagen ist es erforderlich, daß ein Hilfskreuzer von seinen Vorräten an andere Schiffe abgibt. Gelegentlich nehmen auch Hilfskreuzer Güter mit hinaus, um sie an U-Boote abzugeben wie z. B. *Pinguin* Torpedos an das U-Boot *UA*.

Alle Hände haben zu tun, um die übernommenen Nachschubgüter zu verstauen.

Hier soll ein Hilfskreuzer als Versorger dienen: Das U-Boot *UA* nähert sich dem Hilfskreuzer *Pinguin* am 18. 7. 1940, um Torpedos zu übernehmen.

Die Pflege des Schiffes

Versteht man unter »Schiff« alles, was dazu gehört – vom Mastknopf bis zum Kielschwein, vom Göschstock bis zur Rudersorgleine –, so umfaßt dieses Wort die Welt, auf der der Seemann lebt. Vernachlässigt er sie, wird er eines Tages nicht mehr auf und in ihr leben können, und – übertrieben ausgedrückt – die »Umwelt« verschlingt ihn.

Unter der Gesamtverantwortung des I.O. wird das Schiff instandgehalten und wenn erforderlich instandgesetzt. Werkstätten mit Fachkräften, Handwerker nahezu aller Art und die erfinderisch machende Not bei einem überraschenden Schaden schieben immer wieder den Zeitpunkt hinaus, an dem der Kommandant sich entschließen muß, wegen Aufbrauchs der Antriebsanlage oder sonstiger mit Bordmitteln nicht mehr zu behebenden Schäden heimzukehren. Da eine Maschinenüberholung stets das Schiff zur Untätigkeit verdammt, werden hierfür abgelegene Inseln mit sicherem Ankergrund aufgesucht. Hier ist es auch möglich, sich mal an Land die Beine zu vertreten, frisches Wasser zu trinken und Grün

nicht nur als Anstrich der Steuerbordpositionslaterne oder als »Marineblume« – aus Papier – zu genießen. Die Maschine wird weitgehend auseinandergenommen. Reserveteile werden eingebaut. Mit Spannung wird der Probelauf erwartet. Das seemännische Personal nutzt, soweit es nicht als Hilfe in der Maschine »mißbraucht« wird, die Zeit aus, den Rumpf, die Aufbauten, die Takelage und die Boote zu überholen. Vor allem die Bordwand wird vorgenommen, weil man auf See nur schlecht an sie heran kann. Und doch ist gerade dieses in See und bei Nacht wegen der Tarnanstriche dringend erforderlich. Jetzt aber werden die Anstriche abgekratzt, um das Eisen vor dem Rosten zu bewahren. Wohndecks, Leseraum, Kombüse und Toiletten werden genau so wenig vergessen wie Offiziersmesse, Kantine, Munitionskammern und Brotlast.

Neben diesen nur unter bestimmten Bedingungen möglichen Pflegearbeiten läuft die täglich oder wöchentlich durchzuführende Pflege der Waffen, der Austausch des Kojenzeugs (des Bettzeugs), die Inspektion des Back-

Geschützreinigen auf *Widder,* offensichtlich noch in der Heimat aufgenommen, da die Tarnungen der Geschützschilde noch fehlen.

geschirrs (Eßgeschirr) auf Vollzähligkeit und Sauberkeit und vieles mehr.

Versorger aus der Heimat und aus Japan bringen zu diesen verschwiegenen Orten vor allem Material, was nun sehr schwer oder u. U. gar nicht in See übernommen werden kann, wie neue Bordflugzeuge und sperrige Maschinenteile.

Selbstverständlich geht in dieser Liegezeit der Wachdienst weiter und wird je nach Lage auf das Land verlegt. Ausguck- und Alarmposten sichern den Hilfskreuzer vor Überraschungen. Das Bordflugzeug fliegt seine Sicherung, meldet ankommende Versorger und hält sogar Handelsschiffe an, die mit Wurfbeuteln angewiesen werden, den Reparaturhafen anzusteuern, wo ihre Besatzungen ein unerwartetes Bild sehen, fast könnte man es als »Werftbetrieb« bezeichnen.

Eines Tages wird dann aber der Anker gelichtet und der Kreuzerkrieg wieder aufgenommen. Man hinterläßt möglichst keine verräterischen Spuren. Doch wird das Grab eines durch Unfall verlorenen Kameraden sorgsam als solches gekennzeichnet.

Erinnerungen an unbeschwerte Tage unter Palmen, auf Klippen, im warmen Wasser der Lagune, an Ausguckstunden auf der höchsten Inselspitze mit einem unbegrenzten Rundblick gehen mit an Bord und werden nur allmählich von dem Gedanken an das nächste Land abgelöst: die Heimat.

Außenbordarbeiten während der Fahrt in See: *Michel* erhält einen neuen, dunkleren Anstrich.

Ein Bild, das nur von einem internierten Hilfskreuzer kommen kann: *Kronprinz Wilhelm* im Trockendock. Unterwasserarbeiten werden in der Regel durch Taucher ausgeführt, darunter auch die Behebung schwerer Bodenbeschädigungen, das Richten von Schraubenflügeln und das Beseitigen von Undichtigkeiten, wenn dieses von binnenbords ausgeschlossen ist.

Eine unvergessene Erinnerung: Sand, Sonne und Bananen »jede Menge!« *(Orion).*

Ein treuer Versorger auf allen Meeren: *Anneliese Essberger,* hier als japanischer K-Liner getarnt. (Motorschiff, 1935 gebaut, 5173 BRT. Am 21. 11. 1942 von US-Kreuzer *Milwaukee* versenkt).

Eine Beschäftigung besonderer Art: Herstellen von Eisernen Kreuzen aufgrund einer funktelegrafischen Verleihung. So entstehen auch die Ritterkreuze, wenn sie den Kommandanten noch »unterwegs« verliehen werden. *(Orion)*

Kreuzergefechte

Zum Sammelbegriff »Kreuzer« rechnen Schwere und Leichte Kreuzer, Panzerkreuzer, Schlachtkreuzer sowie Ungeschützte Kreuzer und nicht zuletzt auch Hilfskreuzer. Mit allen diesen Kreuzerarten haben deutsche Hilfskreuzer im I. und II. Weltkrieg Berührung gehabt. Verglichen mit den aktiven, eigentlichen Kriegsschiffen sind die englischen Hilfskreuzer, die AMC (Armed Merchant Cruiser), die Kreuzerart, mit der ein Hilfskreuzer noch am ehesten fertig werden könnte. Doch stärker bewaffnet, schneller und gemeinsam mit anderen Streitkräften versenken sie im I. Weltkrieg drei deutsche Hilfskreuzer: *Carmania* den Hilfskreuzer *Cap Trafalgar* am 14. 9. 1914; *Alcantara* und *Andes* gemeinsam den Hilfskreuzer *Greif* am 29. 2. 1916, wobei *Alcantara* von *Greif* versenkt wird; *Dundee* in Zusammenarbeit mit dem Panzerkreuzer *Achilles* den Hilfskreuzer *Leopard* am 16. 3. 1917. Dagegen: Hilfskreuzer *Meteor* versenkt den AMC *The Ramsay* am 8. 8. 1915 durch Torpedoschuß auf 600 Meter und rettet etwa die Hälfte der Besatzung (ca. 100 Mann). Folgende Einwirkungen britischer AMC auf deutsche Hilfskreuzer sind bekanntgeworden: *Himalaya* bringt im September 1915 zwei Kohlenschiffe auf, die für Hilfskreuzer *Cormoran* bestimmt sind. *Cormoran* muß sich darauf aus Kohlenmangel zur Internierung entschließen. *Highland Scot* untersucht am 25. 12. 1916 den Hilfskreuzer *Seeadler* und wünscht danach dem Hilfskreuzer »Glückliche Reise!«. *Edinburgh Castle* verfolgt am 16. 2. 1917 den Hilfskreuzer *Möwe*, beschießt aber einen harmlosen Entgegenkommer, als *Möwe* in einer Regenwolke verschwindet und entkommt.

Mehrfach sichten sich Hilfskreuzer und AMC während des II. Weltkriegs, ohne daß es zu einem Gefecht kommt. Immerhin wird aber *Pinguin* durch die Sichtung des AMC *Canton* vom Minenlegen vor Madras am 24. 6. 1941 abgebracht, während die Sichtung von AMC *Shengking* neun Tage früher in der Auswirkung unklar bleibt.

Gefechtsberührung mit AMC hat nur der Hilfskreuzer *Thor,* und das dreimal: Am 28. 7. 1940 kämpft er mit *Alcantara* (22 209 BRT), bringt diesem erhebliche Schäden bei und hat selbst drei Gefallene und drei Verwundete. Am 5. 12. 1940 kommt es zu einem regelrechten Gefecht mit *Carnarvon Castle* (20 122 BRT), wobei *Thor* 20 Treffer erzielt, selbst aber keinen erhält. Der Gegner hat 37 Tote und 82 Verwundete. Am 4. 4. 1941 versenkt *Thor* den AMC *Voltaire* (13 245 BRT) in einem einstündigen Gefecht und rettet etwa dreiviertel der Besatzung.

Überlegungen und Entschlüsse des Kommandanten sowie der Gefechtsverlauf lassen sich nicht knapper und eindringlicher als im K.T.B. vom 5. 12. 1940 darstellen (siehe S. 114 und 115).

Wie vorsichtig und zurückhaltend der Erfolg bewertet wird, wird dadurch erkennbar, daß das K.T.B. nur von drei Treffern spricht, während *Thor* tatsächlich 20 erzielt hat.

Die Gefechte zwischen britischen Kreuzern verschiedener Arten und deutschen Hilfskreuzern verlaufen im I. Weltkrieg verständlicherweise stets zugunsten des Kreuzers: Der Geschützte Kreuzer *Highflyer* (5 700 t, 11–15,2-cm-Geschütze) schießt am 26. 8. 1914 den in neu-

Der Passagierdampfer *Voltaire* (Lamport & Holt Line, Liverpool, 13 245 BRT, 15 kn, 624 Passagiere) ist der dritte AMC, der sich in ein – dieses Mal todbringendes – Gefecht mit Hilfskreuzer *Thor* einläßt. *Thor* erlebt selbst kritische Augenblicke. Doch versenkt er *Voltaire* ohne eigene Verluste und rettet dreiviertel der Besatzung (4. 4. 1941).

Datum und Uhrzeit	Angabe des Ortes, Wind, Wetter, Seegang, Beleuchtung, Sichtigkeit der Luft, Mondschein usw.	Vorkommnisse
0450 Uhr	Sonnenaufgang, diesig	
0531 Uhr		In 45° etwa 4 sm ab erscheint plötzlich aus dem Dunst ein sehr grosser Dampfer, der sofort als ein britischer Hilfskreuzer angesprochen wird, vermutlich „Carnavon Castle". Ich drehe nach BB. ab, in der Hoffnung, in dem diesigen Wetter unterzuschneiden. Es hat auch zuerst den Anschein. Der Dampfer hält seinen Kurs durch und sackt achteraus. Leider wird die Sicht etwas besser und auf etwa 140 hm dreht der Dampfer hinter mir auf nach Südwest. Die Sicht schwankt zwischen 140 und 170 hm. Der Dampfer folgt. Die Entfernung steht bei etwa 160 hm. Ich lasse es dahingestellt, ob der Dampfer, wenn ich meinen Kurs durchgehalten hätte- ich führte die jugoslawischen Hoheits= zeichen an der Bordwand- auch seinerseits weitergefahren wäre. Ich glaube es nicht. Offenbar wurde der Kommandant erst verständigt und hat dann sofort aufgedreht. Meine Hoffnung auf Nebel erfüllte sich nicht. Es muss zum Kampf kommen.
0533 Uhr	Wind NNW 3. See 2. bedeckt diesig.	Alarm. Maschine Äusserste Kraft Die Entfernung stand eine ganze Weile, offenbar hatte der Geg= ner noch nicht alle Notzen in Betrieb. Bald jedoch lief er langsam auf und machte mit Scheinwerfer "SC" gleich: zeigen Sie Ihr Unter= scheidungssignal und bald darauf "K" gleich: Stoppen Sie sofort.
0701 Uhr		Um 0701 Uhr schoß er einen Schuß, der etwa 300 m kurz lag. Er stand zu dieser Zeit in meinem Kielwasser.
0702 Uhr		Ich beschloß zunächst ein Heckgefecht zu führen und eröffnete zu= nächst um 0702 Uhr mit Setzen der Kriegsflagge das Feuer. E= 129 hm.

tralen Gewässern liegenden Hilfskreuzer *Kaiser Wilhelm der Große* zusammen. Durch sein Erscheinen veranlaßt der Ungeschützte Kreuzer *Odin* am 5. 3. 1917 den Kommandanten des Hilfskreuzers *Iltis* zur Selbstversenkung des Schiffes, da die Minenaufgabe beendet und die Lage hoffnungslos ist. In der vorausgegangenen Nacht hat *Iltis* den Ungeschützten Kreuzer *Fox* mit Erfolg täuschen können. Die anderen genannten Kreuzerarten haben im I. Weltkrieg nur indirekte Wirkung auf den Handelskrieg mit Hilfskreuzern.

Anders sieht es dagegen während des II. Weltkriegs aus. In dem unausgeglichenen Kampf Kreuzer gegen Hilfskreuzer hat der letztere keine Aussicht auf Überleben. Die Versenkung des Hilfskreuzers *Pinguin* am 8. 5. 1941 durch den Schweren Kreuzer *Cornwall* eröffnet die Reihe derartiger Gefechte. Acht 20,3-cm-Geschütze in der Breitseite stehen nur vier 15-cm-Geschütze gegenüber. *Pinguin* stellt sich zunächst als der Norweger vor, als den er sich getarnt hat. So kommt *Cornwall* in die Reichweite der Geschütze. Treffer werden zwar erzielt, aber bald wendet sich das Schlachtenglück. Kapitän z. S. Krüder hat sich bereits entschlossen, das Schiff zu versenken und zu verlassen, als eine Teilsalve (4

Schuß) des Briten einschlägt und unter anderem auch die noch nicht geworfenen 130 Minen im Minendeck trifft. Die Minen explodieren und reißen den Hilfskreuzer *Pinguin* in Fetzen. *Cornwall* kann nur noch 60 Angehörige der Besatzung und 23 Gefangene aus der See holen.

Sechs Monate und elf Tage später, am 9. November 1941, kommt es zum nächsten Gefecht zwischen Kreuzer und Hilfskreuzer. Dieses Mal stehen sich der australische Leichte Kreuzer *Sydney* und der Hilfskreuzer *Kormoran* gegenüber. Mit acht 15,2-cm-Geschützen rechnet er zu den Leichten Kreuzern. Das Katz-und-Maus-Spiel zwischen dem sehr mißtrauischen Australier und dem sich seiner Unterlegenheit bewußten Hilfskreuzer-Kommandanten Detmers dauert viele Stunden. Dann hat sich die vom Hilfskreuzer angestrebte Lage ergeben: *Sydney* ist so nahe herangekommen, daß die zwei über Wasser ausgestoßenen Torpedos in kurzer Zeit den Kreuzer getroffen haben müssen, ohne daß der auch nur das Geringste dagegen tun kann. Die Geschütze werden auf die wichtigsten Stellen des Gegners gerichtet. Mit dem Sichtbarwerden der Kriegsflagge fallen die zwei Torpedos ins Wasser und rauschen die Granaten hinüber. Die Maschinenwaffen halten das Deck des Kreuzers frei von

Menschen. *Sydney* wehrt sich verzweifelt, aber eben zu spät. Im Dunkel der Nacht sinkt der Kreuzer, alle Mann mit sich nehmend. *Kormoran* hat nur vier Treffer abbekommen, darunter einen in den Maschinenraum, wo die elektrischen Kabel zwischen den Generatoren und den Antriebsmotoren zerschlagen werden. Das Schiff muß aufgegeben werden, weil es bewegungsunfähig ist. 80 Mann sind gefallen und sinken mit ihrem Schiff in die Tiefe. Alle übrigen gelangen auf Booten und Flößen an die australische Küste, von Hunger, Durst und Verwundungen gepeinigt.

Nur drei Tage später, am 22. 11. 1941, führt Hilfskreuzer *Atlantis* die bereits erwähnte Versorgung eines U-Boots auf einem Treffpunkt durch, der dem Hilfskreuzer-Kommandanten Rogge nicht gut gewählt erscheint. Zunächst muß er aber dorthin, um das Boot zu treffen. Die Versorgung läuft schnell an, so daß man hofft, sich bald wieder trennen zu können. Da erscheint der Schwere Kreuzer *Devonshire* und eröffnet das Feuer außerhalb der Geschützreichweite des Hilfskreuzers *Atlantis*. Ein Entkommen ist ausgeschlossen, denn *Devonshire* läuft mindestens 30 kn und *Atlantis* höchstens 16. In weniger als einer Stunde würde der Kreuzer den Hilfskreuzer ein-

geholt haben, vorausgesetzt, daß der Hilfskreuzer dann noch schwimmt. So entschließt sich Kommandant Rogge zur Versenkung seines Schiffes. Über die abenteuerliche Heimkehr der Besatzung wird an anderer Stelle berichtet. Nur acht Mann der Besatzung fallen während des Gefechts und des Untergangs – eine so geringe Zahl, daß sie den Entschluß des Kommandanten als berechtigt bestätigt.

Ein abschließendes Wort noch zu den beiden Schweren Kreuzern, die *Pinguin* und *Atlantis* bezwungen haben. Sie werden »Schwer« genannt, weil dieser Typ ein Geschützkaliber größer als 15,2 cm und bis zu 20,3 cm haben darf, und die beiden Genannten dieser Bestimmung des Flottenvertrages von Washington entsprechen. Auf englisches Betreiben dürfen diese Schiffe bis 10 000 ts verdrängen. Sie können dann so schnell und so stark sein, daß sie jedem Hilfskreuzer eindeutig überlegen sind – eine Respektserweisung vor den deutschen Hilfskreuzern des I. Weltkriegs, die sich im II. Weltkrieg auszahlt. Die hochbordigen, auch bei schlechtem Wetter kaum in der Geschwindigkeit beeinträchtigten Kreuzer bewähren sich in der Sicherung der britischen Lebensstränge, bei der Verfolgung der *Bismarck* als Führungs-

Nach dem Gefecht des AMC *Carnarvon Castle* (Passagier-Motorschiff der Union-Castle Mail Line, London. 20 122 BRT, 18 kn, 660 Passagiere) mit Hilfskreuzer *Thor* sucht das Motorschiff Zuflucht in Montevideo, wo 37 Gefallene beigesetzt werden.

Der Schwere Kreuzer *Cornwall* ist der Bezwinger des Hilfskreuzers *Pinguin*. Das Bild zeigt ihn im Frieden, die Seitenfenster sind noch nicht zugeschweißt und die Sonnensegelstützen stehen. Seine acht 20,3-cm-Geschütze reichen etwa 30 Kilometer weit. Der hohe Rumpf mit dem Knick im Vorschiff läßt die außerordentlich gute Seetüchtigkeit erkennen.

Der Leichte australische Kreuzer *Sydney* fällt am 19. 11. 1941 dem gelungenen Täuschungsmanöver von Kapitän z.S. Detmers und seiner *Kormoran*-Besatzung zum Opfer. Mit seiner Panzerung, mit acht 15,2-cm-Geschützen in Doppeltürmen und einer starken Flugabwehr, mit einem Vierlings-Torpedorohrsatz auf jeder Schiffsseite und mit 32 Knoten ist er dem umgewandelten Handelsschiff weit überlegen.

halter, beim »Reinfegen der Meere« (sweeping the oceans) und in der Vernichtung der Hilfskreuzer.

In beiden Weltkriegen finden erbitterte Schußwechsel zwischen Hilfskreuzern und Frachtern statt. Auf beiden Seiten fallen Menschen dem Krieg zum Opfer, wobei hier auch der vielen gedacht sei, die als Passagiere und sonstwie Unbeteiligte in den Kriegsstrudel gezogen werden. Mit einer Ausnahme verlaufen diese kürzeren oder längeren Gefechte zugunsten des deutschen Hilfskreuzers. Diese Ausnahme ist das Gefecht des Hilfskreuzers *Stier* unter Kapitän z.S. Gerlach mit dem amerikanischen Dampfer *Stephen Hopkins*, welcher zum Typ EC2-S-C1 der von der U.S. Maritime Commission entwickelten und in Bau gegebenen Schiffe gehört (Einzelheiten siehe Abb. S. 118). Eingehende Nachforschungen bei amerikanischen Dienststellen haben als Bewaffnung des Schiffes ergeben: ein 10,2-cm-Geschütz auf dem Heck, eine 37-mm-Doppellaffette auf der Back, vier Maschinengewehre auf dem Brückenaufbau, zwei auf jeder Schiffsseite. Diese Feststellung steht im Widerspruch zum K.T.B., in dem der Kommandant seinen Eindruck von der Bewaffnung stark abweichend darstellt:

Der Gegner begann um 09.00 Uhr das Feuer zu erwidern und zwar nach Beobachtung von Bord und von der Tannenfels, die ebenfalls in Sicht des Feindschiffes war, aus 4 und zeitweise 5 Rohren gleichzeitig mit einer guten Feuerdisziplin. Es wurde sofort klar, daß es sich nicht um ein normales Handelsschiff handeln konnte, vor allem auch schon in diesem unbefahrenen Gebiet, sondern um ein Hilfskriegsschiff, Patrouillenschiff oder vielleicht sogar Hilfskreuzer, oder einen Truppentransporter, allerdings gut getarnt und harmlos aussehend.

Soweit das Zitat aus dem K.T.B. Was ist nun tatsächlich an diesem 27. 9. 1942 im Südatlantik geschehen? Das Liberty-Schiff macht seine zweite Reise und fährt von Kapstadt in Ballast nach Paramaribo, Niederlän-

Der Schwere Kreuzer *Devonshire* gehört wie *Cornwall* zur sogenannten Grafschafts-(County-)Klasse und ist diesem sehr ähnlich. Durch die Erfahrungen seines Schwesterschiffs im Gefecht mit *Pin-* *guin* gewitzt, bleibt er außerhalb der Reichweite der deutschen Geschütze auf *Atlantis* von nur 15 cm Kaliber und einer Reichweite von etwa 18 Kilometern.

Maßskizze 1:1000 des Liberty-Schiffs *Stephen Hopkins*, das mit unbeugsamer Tapferkeit den Hilfskreuzer *Stier* bezwungen hat, bevor es mit zwei Dritteln der Besatzung im Südatlantik versinkt. (Typ EC2-S-C1; Höchstverdrängung 14250 ts, Tragfähigkeit 10800 ts. L × B × T 134,6 × 17,3 × 8,4 m. 2500 PS; 11 kn. Etwa 7200 BRT.)

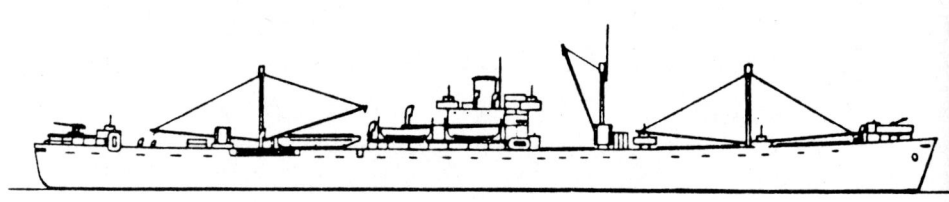

disch-Guayana. Eine Wetteränderung läßt die Sicht immer schlechter werden. Als eine Nebelbank aufreißt, sichtet der Amerikaner zwei dicht nebeneinander liegende Schiffe, die dem Kapitän verdächtig vorkommen. Er befiehlt »Alarm«.

Auf *Stier* ist ein großer Teil der Besatzung damit beschäftigt, das Schiff soweit wie möglich von dem Bewuchs in der Wasserlinie zu befreien. Die Wetterverschlechterung wird auch hier beobachtet. Die Männer auf den außenbords hängenden Stellings kommen an Bord. Nur das 12-m-Schlauchboot ist noch ausgesetzt. Die Sicht beträgt jetzt 1½ bis 2 Seemeilen, d. h. 3000 bis 4000 Meter. Um 08.52 Uhr wird ein fremdes Schiff in etwa 4000 m Entfernung gesichtet. Um 08.52 erhält die Maschine den Befehl »Zweimal große Fahrt voraus!«, und um 08.53 Uhr gellen die Alarmglocken durch das ganze Schiff. Um 08.55 Uhr bekommt die Flakartillerie und um 08.55 Uhr die Mittelartillerie »Feuererlaubnis«.

Stier wird von einem Geschoßhagel eingedeckt, so daß sich der Kommandant zu folgender Eintragung im K.T.B. entschließt:

Am Heck ein 15-cm-Geschütz, auf der Back zwei 10,2- bis 12,7-cm-Geschütze, mittschiffs zwei desgleichen vor dem Schornstein, mittschiffs zwei desgleichen hinter dem Schornstein, außerdem einige 2-cm- und 4-cm-Flaks. Die Feuerleitung und Feuerdisziplin beim Gegner war als sehr gut zu bezeichnen.

Um 09.05 Uhr erhält *Stier* zwei Treffer, den einen in den Rudermaschinenraum, den anderen in den Hauptmotorenraum. Das Schiff ist also fünf Minuten nach Feuereröffnung durch den Gegner völlig bewegungsunfähig! Außerdem fällt die gesamte Versorgung mit elektrischer Energie aus. 09.10 Uhr stellt *Stier* das Feuer ein, weil der Gegner bereits niedergekämpft zu sein scheint. 09.13–09.18 Uhr wird das Feuer noch einmal fortgesetzt, um den Untergang des Gegners sicherzustellen. 09.55 Uhr beginnt der Gegner zu sinken und ist gegen 10.00 Uhr verschwunden. *Stier* hat, soweit feststellbar, 15 Treffer von Mittelartillerie erhalten. Das Vorschiff brennt. Flammen und Rauch ziehen achteraus. Es gelingt um 10.14 Uhr, den Hauptmotor noch einmal anspringen zu lassen. Doch läßt sich das Ruder aus der Lage »Hart

Hilfskreuzer *Stier* im Südatlantik, zwei Tage vor seiner Versenkung.

Steuerbord« nur bis »Backbord 3°« bringen. Nach einer Besprechung mit den Offizieren entschließt sich Gerlach zur Aufgabe des Schiffs und gibt um 10.42 Uhr diesen Entschluß auf dem Bootsdeck der Besatzung bekannt, nachdem um 10.25 Uhr die Hauptmaschine endgültig gestoppt hat. Um 10.58 Uhr ergeht der Befehl, das Schiff zu verlassen. *Tannenfels* wird in die Nähe gerufen. 11.40 Uhr folgt der Befehl zum Sprengen. Die mittleren Sprengpatronen sind wegen des Brandes nicht mehr zugänglich. Die vorderste und achterste Patrone werden um 11.40 Uhr gezündet und detonieren sieben bzw. neun Minuten später. Das Schiff sinkt langsam, zwei Gefallene mit sich nehmend.

Die Besatzung nimmt alle Verwundeten mit auf *Tannenfels*, wo im Laufe der nächsten Zeit noch zwei Kameraden ihren Wunden erliegen. Sie werden feierlich der See übergeben. *Tannenfels* bringt die *Stier*-Besatzung nach Le Verdon, wo sie von Admiral Marschall, Oberbefehlshaber des Marinegruppenkommandos West, begrüßt wird.

Von der amerikanischen Besatzung sind 42 Menschen gefallen; 19 Mann gehen in das einzige, auch nur noch beschränkt brauchbare Rettungsboot. Von den fünf Verwundeten sterben noch drei. Der Rest kommt nach 31 Tagen in Brasilien an. Die Männer der *Stephen Hopkins* werden von alliierter Seite glorifiziert, zweifellos mit

Recht, denn sie haben einen aussichtslosen Kampf ebenso tapfer und bis zum Erfolg durchgestanden wie die *Kormoran*-Männer gegen *Sydney*.

Was ist aber auf *Stier* geschehen? Das stellenweise pathetisch klingende K.T.B. ist erst auf *Tannenfels* geschrieben worden. Kapitän z.S. Gerlach stützt sich dabei auch auf die sicher nicht ganz sachkundigen Beobachtungen, die von *Tannenfels* aus gemacht worden sind.

Zweifellos hat der Kommandant den Gegner weit gefährlicher geschildert als er tatsächlich gewesen ist. Er spricht von guter Feuerdisziplin und erkennt nicht, daß die Schiffsschraube nur zur Hälfte im Wasser ist und das Schiff deswegen nur 7 kn läuft. Er sieht in der geringen Geschwindigkeit den Versuch des Gegners, harmlos zu erscheinen. Vor allem aber wundert man sich beim Studium des K.T.B., daß der Passus über die um 10.33 Uhr abgehaltene Besprechung mit dem Offizierkorps in seiner ganzen Länge Zeile für Zeile unterstrichen ist. Man kann sich des Eindrucks nicht erwehren, daß hier ein Kommandant die Verantwortung auch anderen aufbürden will. Als ob die Seekriegsleitung diesen Satz übersehen hätte! Die Seekriegsleitung beschließt ihre Stellungnahme zum *Stier*-K.T.B. mit der Feststellung, daß Kommandant und Besatzung sich bei dem Schlußgefecht »tapfer geschlagen und besten deutschen Seemanns- und Kampfgeist gezeigt« hätten.

Der schwer angeschlagene Hilfskreuzer *Stier* brennt an vielen Stellen, am schwersten im Vorschiff.

Die *Stier*-Besatzung beobachtet von *Tannenfels* aus den Untergang ihres Hilfskreuzers. Das unsichtige Wetter erklärt die gegenseitige Überraschung der beiden Gegner.

Einer der beiden im Gefecht verwundeten und auf *Tannenfels* gestorbenen Männer des Hilfskreuzers *Stier* wird feierlich dem Meer übergeben.

Begrüßung der *Stier*-Besatzung auf Versorger *Tannenfels* in Le Verdon durch den Oberbefehlshaber des Marinegruppenkommandos West, Admiral Marschall.

»Fremde an Bord!«

Wenn dieser Ruf in einem ausländischen Hafen an Bord eines deutschen Kriegsschiffes ertönt, weiß jedermann, daß Gefahr droht, zumindest im Blick auf geheimzuhaltende Einrichtungen des Schiffes. Wieviel größer sind diese und andere Gefahren, wenn Handelsschiffsbesatzungen als Zivilinternierte und Angehörige einer feindlichen Wehrmacht als Kriegsgefangene an Bord eines Hilfskreuzers sind, wo der Krieg weitergeht. Gewiß, diese Menschen an Bord bieten auch Vorteile, wenn sie geschickt befragt werden oder von sich aus bereit sind, Kenntnisse preiszugeben, die von Bedeutung sind. Manch anderes Handelsschiff ist auf diese Weise einem Hilfskreuzer zur Beute geworden. Gelegentlich kann ein Hilfskreuzer so auch einer Gefahr entgehen.

Im ganzen gesehen sind aber die Nachteile, die die fremden Menschen an Bord zwangsläufig verursachen, erheblich größer. Ständig besteht die Gefahr eines Aufruhrs, namentlich auf den Prisen während des Marsches in die Heimat. Energische Maßnahmen sorgen dafür, daß derartige Gedanken möglichst gar nicht erst aufkommen. Im I. Weltkrieg werden die Gefangenen auf geeigneten Beuteschiffen entlassen. Im II. Weltkrieg, wo der Wert eines Menschen für die Kriegsführung höher eingeschätzt wird, werden Gefangene möglichst in der eigenen Gewalt behalten. Soweit wie möglich wird für sie gesorgt durch vorbereitete Wohnräume, durch gute Verpflegung, ärztliche Betreuung, regelmäßige Bewegung in freier Luft und Unterhaltungsmöglichkeiten. In beiden

Kriegen werden die Gefahren, die mit und durch die Fremden an Bord drohen, hoch eingeschätzt, vor allem dann, wenn die erfahrenen Seeleute an Land gekommen sind und ihre Erfahrungen und Beobachtungen berichten. Geschickte Beobachter zeichnen die wesentlichsten Einzelheiten ihrer schwimmenden »Gefängnisse«. Die Skizzen werden verteilt und helfen bei der Abwehr der verhaßten »raider«, wie die Engländer die Hilfskreuzer bezeichnen. Je nach Verstand, Wissen und technischer Möglichkeit koppeln die Schiffsoffiziere den Schiffsort des Hilfskreuzers mit, um gegebenenfalls ausführlich und aufschlußreich berichten zu können. Als die Hilfskreuzer-Kommandanten hinter die Schliche ihrer »Gäste« kommen, täuschen sie diese nach Strich und Faden, so daß bei einer solchen Täuschung die Kapitäne berichten, daß *Atlantis* sich mit einem U-Boot getroffen habe, daß die Minen vor Südafrika gelegt habe, die aber in Wirklichkeit von *Atlantis* stammen.

Viele menschliche Bindungen entstehen trotz der engen und beschwerlichen Verhältnisse, die zu Dankesbeweisen vor allem auch nach dem Krieg führen, Dankesbeweise für eine anständige und verständnisvolle Behandlung. Übelwollende gibt es verständlicherweise auch, denn der Haß ist zu dicht gesät und zu sehr gepflegt worden. Bedauerlicherweise sind unter den Gefangenen und Internierten auch zahlreiche Opfer zu beklagen, wenn der Hilfskreuzer im Gefecht getroffen oder gar versenkt wird.

Rechts:
Als Hilfskreuzer *Wolf* am 24. 2. 1918 in Kiel einläuft, hat er 467 »zurückgehaltene Personen« an Bord – darunter acht Frauen und zwei Kinder – von denen 30 sofort in ein Lazarett überführt werden. Das Bild zeigt einen Teil beim Übersteigen auf einen der Kieler Verkehrsdampfer der »NDC«, der damaligen Neuen Dampfer-Compagnie.

122

Gefangene und Internierte bewegen sich in Licht und Luft auf Hilfskreuzer *Pinguin*.

Heimkehr oder Untergang

Die glückliche Heimkehr nach erfolgreicher Kreuzerfahrt ist das Ziel aller Kommandanten, aller Besatzungen. Die Gedanken kreisen von Monat zu Monat mehr und mehr um die Vorstellung, wie es sein wird, wenn... und danach folgen dann die mannigfachsten Personen, Dinge, Wünsche und Hoffnungen. Voraussetzung für alles ist aber der Durchbruch durch die englischen Bewacherlinien. Alles Für und Wider des einen oder anderen Weges in die Heimat wird verantwortungsbewußt abgemessen und gegeneinander abgewogen. Die Kommandanten entscheiden sich und damit auch weitgehend das Schicksal ihrer Schiffe und Besatzungen, die ihnen Admiralstab oder Seekriegsleitung anvertraut haben.

Der Wille zum glücklichen Ende, zum Überleben spornt noch einmal alle Kräfte an. Die Tarnung muß eventuell völlig geändert werden. Es liegt nahe, mit der Annäherung an die Heimat dort verkehrende neutrale Schiffe als Vorbild zu nehmen, so z. B. spanische Regierungsdampfer für die Ansteuerung von Westfrankreich. Die Spannung und die Aufmerksamkeit wachsen von Tag zu Tag. Im I. Weltkrieg treten die Hilfskreuzer ganz unvermittelt wieder in den Bereich der Heimat. Wenn sich ein Hilfskreuzer hat anmelden können, wird er wie *Möwe* nach der ersten Fahrt von der Hochseeflotte eingeholt und begeistert von der Besatzung begrüßt. *Wolf* ist zum Schweigen verurteilt, um die ihm folgende Prise *Igotz Mendi* nicht zu gefährden. Wenige Tage darauf jedoch marschiert die *Wolf*-Besatzung durch das Brandenburger Tor in Berlin ein, stürmisch gefeiert auch noch im vierten Kriegsfrühling.

Anders ist es im II. Weltkrieg, da sich die Heimat selbst schon weit vor der Küste meldet. Der Rundfunk

Hilfskreuzer *Widder* hat sich für den letzten Teil des Marsches in die Heimat als spanischer Regierungsfrachter *El Neptuno* aus Bilbao getarnt. Er schleppt eine Stahltrosse mit Schwimmleine nach.

bildet die erste Brücke zwischen der einsamen Besatzung und all den Menschen, die auf sie warten. Bordzeitung und Nachrichtenaushang haben doch längst nicht die Wirkung wie diese unmittelbare, wenn auch einseitige Fühlung. Aus Geheimhaltungsgründen wird in der Regel nichts über die Heimkehr bekanntgegeben, es sei denn, daß Heimkehr und Erfolg nicht verschwiegen werden können oder ihre Bekanntgabe die Moral der deutschen Bevölkerung stärkt. Mit dem Einlaufen verläßt ein großer Teil der Besatzung das zur zweiten Heimat gewordene Schiff. *Möwe*, *Thor*, *Komet* und *Michel* gehen jedoch ein zweites Mal auf Kreuzerfahrt, wenn auch von anderen Kommandanten geführt und auf vielen Gefechtsstationen mit neuen Kameraden besetzt.

Nach beiden Kriegen dauert es Jahre, bis der letzte Hilfskreuzerfahrer aus Internierung und Kriegsgefangenschaft heimkehrt. Die Erlebnisse an Bord ihrer internierten und zumeist später beschlagnahmten Schiffe und in Lagern sind sehr verschieden. Mancher Kamerad muß in fremder Erde beigesetzt werden, häufig als Opfer tropischer Krankheiten. Die Zahl der auf abenteuerlichen Reisen heimkehrenden Soldaten ist nicht unbedeutend. Doch werden viele noch kurz vor Betreten deutschen Bodens erneut festgehalten.

Die glückliche Heimkehr der *Stier*-Besatzung ist bereits erwähnt worden. Sehr viel aufregender verläuft im Vergleich dazu die Heimfahrt der *Atlantis*-Besatzung. *U 126*, welches von *Atlantis* versorgt worden ist, übernimmt 55 Männer. 52 Männer kampieren auf dem Deck des U-Boots, mit Schwimmwesten gesichert für den Fall, daß eine See sie über Bord wischt oder das Boot tauchen muß. 201 Männer hausen in zwei Motorbooten und vier Kuttern, die vom U-Boot geschleppt werden. Das U-Boot meldet die Absicht, die Schiffbrüchigen an die südamerikanische Küste zu bringen. 14 Tage werden für die Fahrt angesetzt. Doch schon am zweiten Tag trifft die Nachricht von der Entsendung dreier U-Boote und des Versorgers *Python* ein. Am nächsten Tag übernimmt *Python* die *Atlantis*-Besatzung. Vor der Heimreise trifft der Versorger noch mehrere U-Boote, so am 1. 12. *U 68* und *UA*. Während der Übergabe erscheint ein Schwerer Kreuzer der »county class« an der Kimm. *Python* versucht, den

Hilfskreuzer *Möwe* wird nach seiner ersten Unternehmung von der Hochseeflotte eingeholt und nach Wilhelmshaven geleitet. Links Schlachtkreuzer *Moltke*, ganz rechts *Derfflinger*. Dazwischen zwei Torpedoboote (4. 3. 1916). Funkspruch des Flottenchefs an *Möwe:* »Mit Stolz und Freude heißt Sie die Flotte herzlich willkommen!«

Besatzungsmitglieder des Hilfskreuzers *Cormoran* in der Internierung auf Guam 1915. Bei Beginn des Krieges mit den Vereinigten Staaten kommen alle deutschen, in den USA internierten Soldaten in Kriegsgefangenschaft; ihre Schiffe werden beschlagnahmt, wenn sie sich nicht – wie *Cormoran* – selbst versenken.

Nach der Versenkung ihres Schiffes sammelt sich die *Atlantis*-Besatzung auf Schlauchbooten und in Kuttern, um an die rettende Küste zu gelangen.

Kreuzer über die Standorte der getauchten U-Boote zu ziehen. Fünf auf 3000 m geschossene Torpedos von *UA* verfehlen ihr Ziel, weil der Kommandant die Gegnerfahrt viel zu gering eingeschätzt hat. Damit ist die letzte Möglichkeit des Entkommens für *Python* vertan. Es kommt, was kommen muß. Nach Einschlagen der ersten Granaten entschließt sich der *Python*-Kapitän zur Versenkung des Schiffs. Vermehrt um die Zivilbesatzung treten nun 414 Mann die endgültige Heimreise an, wobei jedes U-Boot etwa 100 Mann unter Deck »verstaut«, je fünf Rettungsboote schleppt und zusätzlich Rettungsflösse auf dem Oberdeck auslegt, die mit den restlichen Männern aufschwimmen, wenn das Boot tauchen muß. Ein weiteres U-Boot nimmt am nächsten Tag die *Python*-Besatzung über. Dann treffen weitere deutsche und vier italienische U-Boote ein, womit die Gefahr vorüber ist, daß die Männer in den offenen Booten vor Hitze und Durst umkommen oder daß die Boote im Sturm kentern. In den Weihnachtstagen 1941 laufen die Boote mit ihrer seltsamen, wertvollen Fracht in Westfrankreich ein. Nach fast 1 3/4 Jahren sind die *Atlantis*-Männer wieder daheim.

Beim Hilfskreuzer *Coronel* kann man von einer Heimkehr nach Kreuzertätigkeit nicht sprechen, denn die Seekriegsleitung befiehlt den Abbruch der Unterneh-

mung, als das Schiff – nach einem Bombentreffer im Vorschiff während des Marsches nach Westen – erneut einen Treffer erhält, dieses Mal ins Heck und zum Glück ohne zu detonieren.

Fast hätte den Hilfskreuzer *Coronel* das gleiche Schicksal wie Hilfskreuzer *Komet* ereilt, der schon weiter westlich als *Coronel* steht, als er von einem englischen Flottenverband gestellt, mit Artillerie beschädigt und von einem Motortorpedoboot versenkt wird.

Weitere Angaben zu den Endschicksalen enthält die Übersicht »Verbleib der Hilfskreuzer«.

Von den Besatzungen, Kommandanten und Schiffen ist die Rede gewesen, doch sollen die Menschen nicht vergessen werden, die in hunderten von Fällen schwerer an den Schicksalen der Hilfskreuzerbesatzungen getragen haben als die Männer draußen auf den Meeren selbst: die Angehörigen. Nur wenig, wenn überhaupt vor dem Auslaufen von Mann, Sohn, Vater, Bruder, Freund oder Bräutigam unterrichtet und dann unregelmäßig mit einem nicht viel sagenden Lebenszeichen versorgt, haben die Angehörigen um das Leben ihrer Lieben gebangt, bangen müssen. Wer kennt ihre Bitten und Gebete, ihren Kummer und ihre Verzeiflung – ihren Schmerz, wenn die Todesnachricht ins Haus gekommen ist?

Daß man sich auch höheren Orts Gedanken über die

Ein Teil der *Atlantis*-Besatzung kommt an Bord des italienischen U-Boots *Luigi Torelli* am 23. 12. 1941 in St. Nazaire an und wird vom Marinebefehlshaber Westfrankreich, Admiral Lindau, begrüßt.

Größe der Last macht, die man mit einer derartigen Nachricht den Angehörigen auferlegt, zeigt das Faksimile aus der Seekriegsleitung, wobei es sich um den Hilfskreuzer *Michel* handelt, der schon am 17. 10. 1943 versenkt worden ist. Man kann sich kaum vorstellen, daß nach über einem halben Jahr von der Rettung eines Teils der Besatzung durch die Japaner nichts in Berlin bekannt geworden ist. – Glücklicher sind da die Angehörigen des Hilfskreuzers *Wolf* zu preisen, für die am Tage des Einlaufens in Kiel eine ähnliche Nachricht zur Post gegeben wird, die aber durch die Zeitungen am nächsten Tage im wahrsten Sinne des Wortes »überholt« wird.

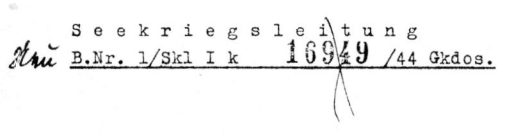

S e e k r i e g s l e i t u n g   Berlin, den 2. Juni 1944

B.Nr. 1/Skl I k   **16949** /44 Gkdos.

Geheim
Kommandosache!

Vfg.

I) Schreibe an:

     Mar.Wehr

     MPA

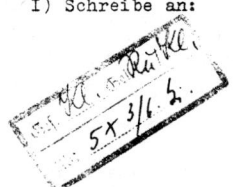

     nachrichtlich:

     MOK Ost / Heimatstab Ausland

     Skl Adm. Qu III NE

     Skl Chef MND II

Betrifft: HSK Schiff 28.

Vorgang: 1/Skl I k 31611/43 Gkdos. vom 11.11.43, 1/Skl I k 41669/43 Gkdos. vom 10.12.43 und AMA I ah 10309/43 Gkdos. vom 23.12.43.

     Über das Schicksal der vermißten Soldaten von Schiff 28 sind keine weiteren Nachrichten eingegangen. Der Gegner hat den Erfolg der Versenkung nicht bekannt gegeben und augenscheinlich auch keine Kenntnis von dem Verlust des Schiffes. Es ist mit großer Wahrscheinlichkeit anzunehmen, daß das Uboot, das Schiff 28 versenkt hat, kurze Zeit später durch japan. See- oder Luftstreitkräfte vernichtet worden ist.

     Da keine Aussicht mehr gesehen wird, daß von den Vermißten sich noch irgend jemand am Leben befindet, bittet 1/Skl Mar.Wehr, das Aussprechen der Todeserklärung und die Unterrichtung der Angehörigen zu veranlassen. Da die Skl größtes Interesse daran hat, daß der Verlust des Hilfskreuzers verborgen bleibt, muß eine Veröffentlichung von Todesanzeigen durch die Angehörigen gesperrt bleiben. Die bisher von den Angehörigen geforderte strenge Geheimhaltung wird aufgehoben. Die Gründe für die Sperrung der Todesanzeigen können den Angehörigen mitgeteilt werden. Der Abwicklung Schiff 28 durch Abwicklungsamt MOK Ost stehen keine Bedenken entgegen.

                                          -2-

Ein dem Verfasser unbekannter Oberfunkmaat ist hier – stellvertretend für alle deutschen Hilfskreuzerfahrer zweier Weltkriege – abgebildet. Mit Stolz trägt er das Hilfskreuzerabzeichen, ein Wikingerboot, über den Erdball segelnd.

Eine schwere Bombe hat das Achterschiff des Hilfskreuzers *Coronel* durchschlagen, ohne zu explodieren. Der Blick geht nahezu senkrecht nach oben durch das Einschußloch auf die beschädigte Lafette des achtersten 2-cm-MG-C/30.

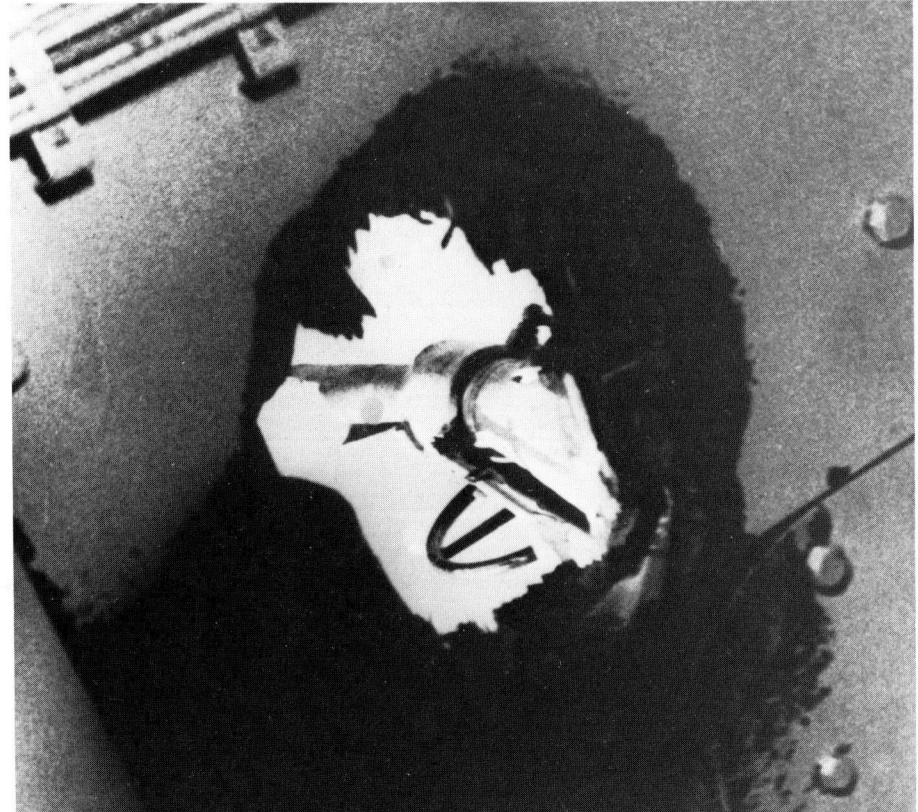

Hilfskreuzer *Wolf* läuft am 24. 2. 1918 mit gesetztem Heimatwimpel – er war ja über ein Jahr in ausländischen Gewässern! – in Kiel ein, von seinem Bordflugzeug *Wölfchen* umschwirrt.

Rückblick und Ausblick

Aus den schon dargelegten Gründen wird nicht versucht, Leistungen und Erfolge der deutschen Hilfskreuzer untereinander oder mit fremden Einheiten oder die Ergebnisse des I. Weltkriegs mit denen des II. Weltkriegs zu vergleichen. Im vorliegenden Buch, das seinen Wert vor allem durch die Bilder und Übersichten erhalten soll, sind die unendlich vielen Unwägbarkeiten des Seekriegs bildlich nicht darzustellen. Wenn abschließend doch Zusammenstellungen folgen, so sollen sie über konkrete Dinge und Ereignisse auf einen Blick unterrichten.

Übersicht A zeigt eine gewisse Beziehung zwischen der Zahl der im Einsatz befindlichen Hilfskreuzer und der Zahl der Versenkungen. Die Abzissenachse hat zwei Maßstäbe, die Ordinatenachse nur einen!

Die Darstellung B zeigt die Verteilung der versenkten Schiffe auf die Hauptoperationsgebiete, unterteilt nach den beiden Kriegen. Die die Schiffe andeutenden Blocks sind möglichst dicht an den tatsächlichen Schwerpunkt der Versenkungen herangerückt. Im Mittelatlantik (Natal-Freetown-Enge) ist das ebenso wenig möglich wie im Nordatlantik. Deutlich wird erkennbar, wie die Bedrohung aus der Luft und das Bestreben, den U-Bootkrieg nicht zu stören, den Handelskrieg mit Hilfskreuzern weiter nach Süden verlegt hat. Auch die starke Bewachung der erwähnten Enge hat dazu beigetragen.

Anhang I ist eine Chronik des Handelskriegs mit deutschen Hilfskreuzern einschließlich eines Blickes auf die Entwicklung zwischen den beiden Weltkriegen.

Anhang II enthält eine Zusammenstellung der von einzelnen Hilfskreuzern aufgebrachten Schiffe unter Angabe von Größe in BRT und Datum (direkte Erfolge) – Teil A – und die Minenerfolge (nur gesunkene Schiffe) als indirekte Leistungen – Teil B. Teil C führt die Minenerfolge (nur gesunkene Schiffe) als indirekte Leistungen auf.

Nichts liegt näher, als am Ende des Rückblicks auch einen Blick in die Zukunft zu tun. Um die Aussichten eines Hilfskreuzers in einem möglichen Krieg beurteilen zu können, soll man sich im Zeitalter des Elektronenrechners und der Sateliten darüber klar sein, daß folgende zwei Gerätekombinationen absolut denkbar sind... wenn sie nicht schon bestehen:
1. Eine Gruppe verschiedenartigster Sensoren (elektromagnetisch, optisch, akustisch oder sonstwie) – auf einem Schiff eingebaut – reagiert auf den geringsten wahrnehmbaren Impuls, der innerhalb einstellbarer Grenzen der verschiedensten Kriterien bleibt, fragt die Impulsquelle nach »Freund oder Feind?« ab und löst gegebenenfalls nicht nur einen Alarm aus, sondern sendet den ständig mitgerechneten Schiffsort und eine Nachricht über die Art und die Richtung des empfangenen Impulses aus. Der ganze Vorgang spielt sich innerhalb eines Bruchteils einer Sekunde ab. Wenn diese Meldung bei einer Art Schiffahrtslenkungszentrale ankommt, wird die Nachricht ausgewertet und mit vorbereiteten Werten beantwortet. Der alarmierte Handelsschiffskapitän weiß in zwei oder vier Sekunden, wes Geistes Kind das alarmierende Signal ist.
2. Ein Satellitensystem überwacht den gesamten ozeanischen Schiffsverkehr und wird hierbei von landfesten, in der Atmosphäre fliegenden und unterseeischen Sensoren unterstützt. Das Ergebnis ist lückenlos. Kein Schiff kann ihm entgehen.

Unter diesen Umständen ist ein Handelskrieg mit sich nur tarnenden Schiffen ausgeschlossen und undenkbar. Nur, wenn es gelingt, alle Sensoren gleichzeitig und restlos über die Natur und die Absicht eines Handelsstörers zu täuschen, hat ein Hilfskreuzer jemals Aussicht auf Erfolg. Die Frage, was nach der ersten Enttarnung, die zwangsläufig mit dem ersten feindlichen Auftreten erfolgt, geschieht, ist keine Frage mehr: die Verfolgung bis zum Untergang. Oder wird eine Marine doch eines Tages noch gewitzter sein und auch diese Hürde überspringen? Wie lautet doch ein häufig gehörter »Schnack« in den deutschen Marinen? »Bei Gott und der Marine ist doch kein Ding unmöglich!«

Die Bundesmarine hat als einzige der NATO-Marinen keinen von ihrer Regierung erteilten, sondern nur einen NATO-Auftrag zu erfüllen und ist durch diesen Auftrag auf Ost- und Nordsee beschränkt. In diesen Gewässern ist ein Handelskrieg sowieso unvorstellbar. Damit – so darf und muß gefolgert werden – ist ein deutscher Hilfskreuzer nie wieder zu erwarten.

Doch bleiben die Hilfskreuzer leuchtende Vorbilder an Tapferkeit, Entschlossenheit, Einfallsreichtum und geistiger Beweglichkeit für jede »Marine ohne Hilfskreuzer«.

Übersicht A
Zahl der im Einsatz befindlichen Hilfskreuzer
und die Zahl der Versenkungen
II. Weltkrieg

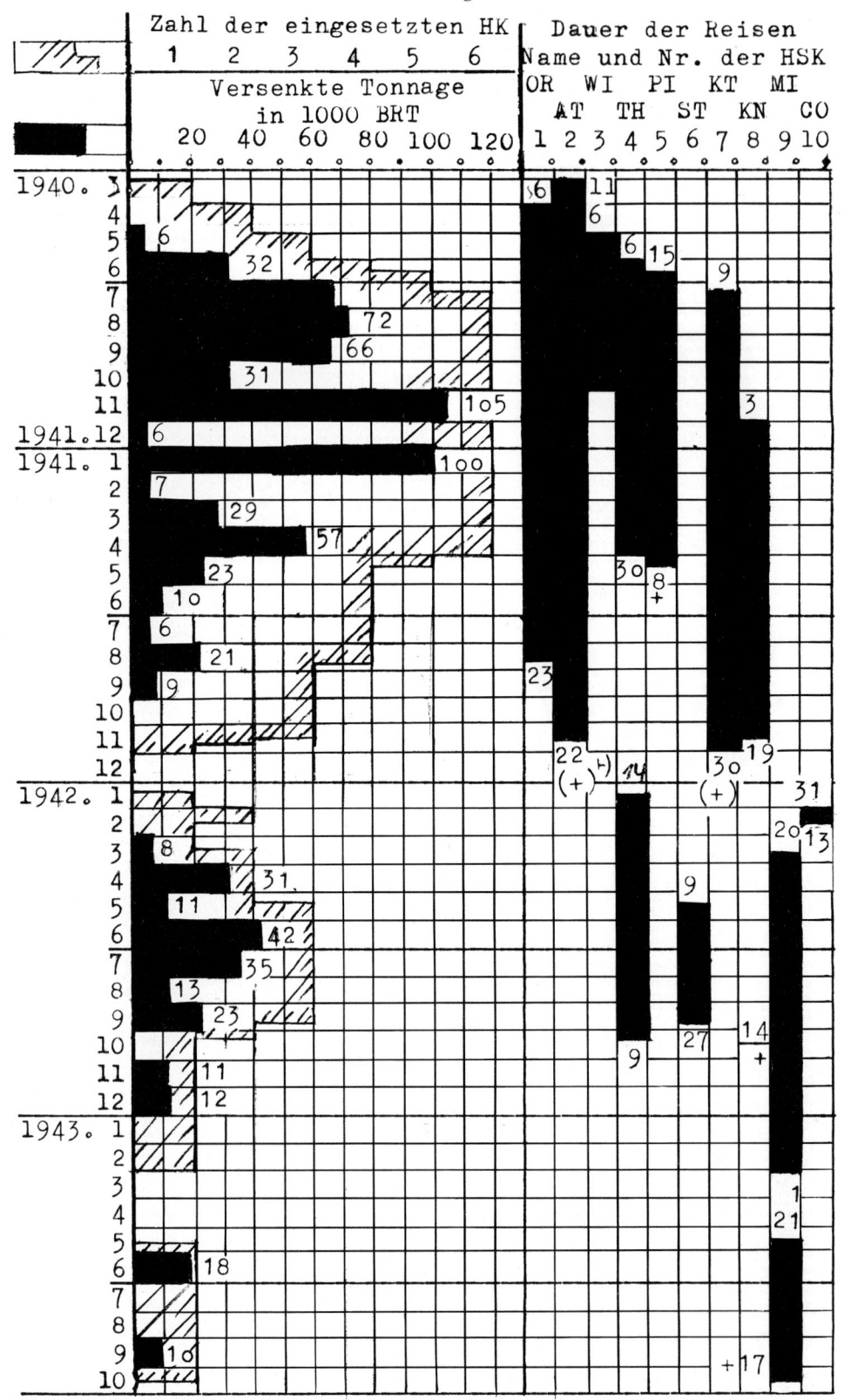

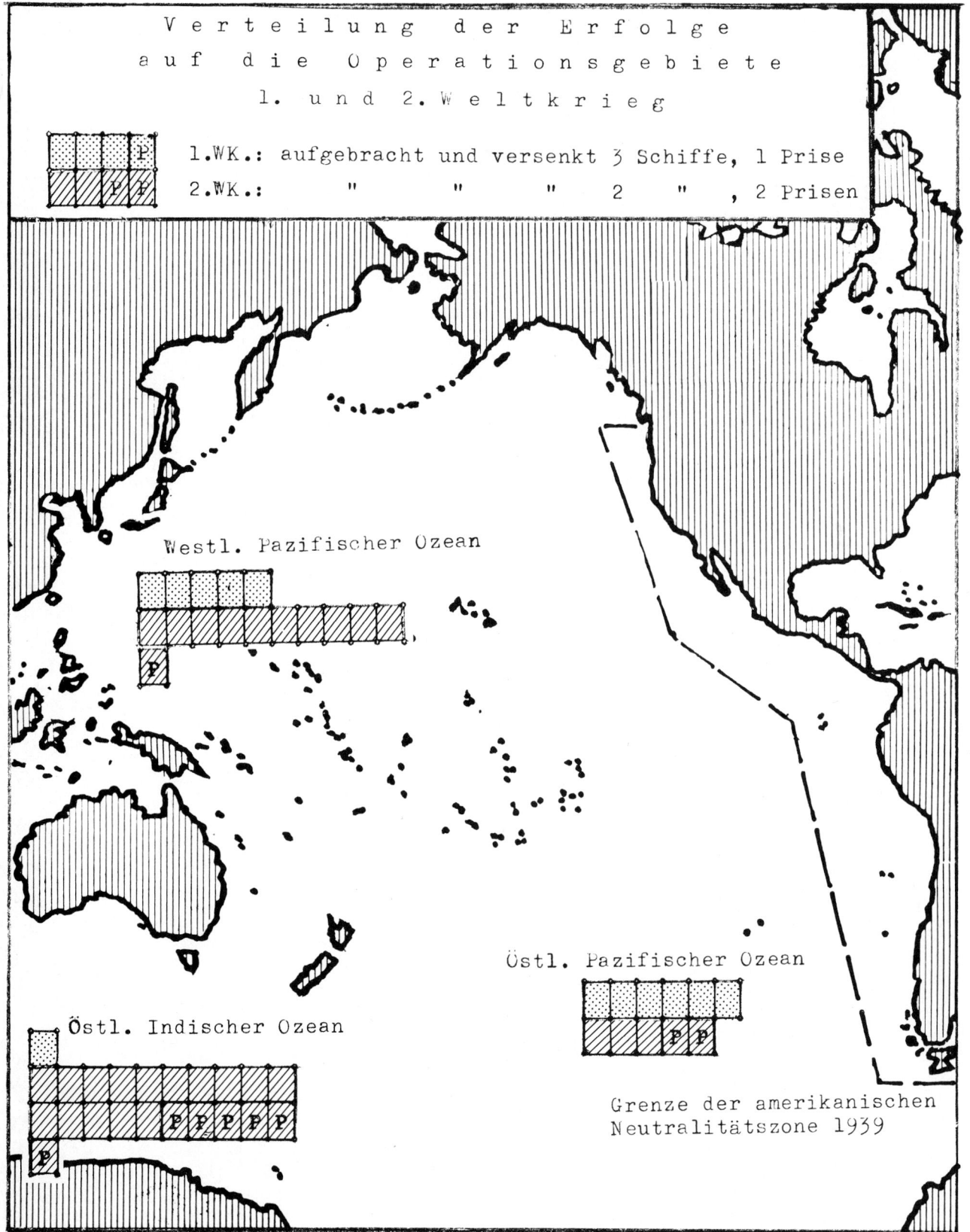

Verteilung der Erfolge
auf die Operationsgebiete
1. und 2. Weltkrieg

1.WK.: aufgebracht und versenkt 3 Schiffe, 1 Prise
2.WK.:   "   "   "   2   "   , 2 Prisen

Westl. Pazifischer Ozean

Östl. Pazifischer Ozean

Östl. Indischer Ozean

Grenze der amerikanischen
Neutralitätszone 1939

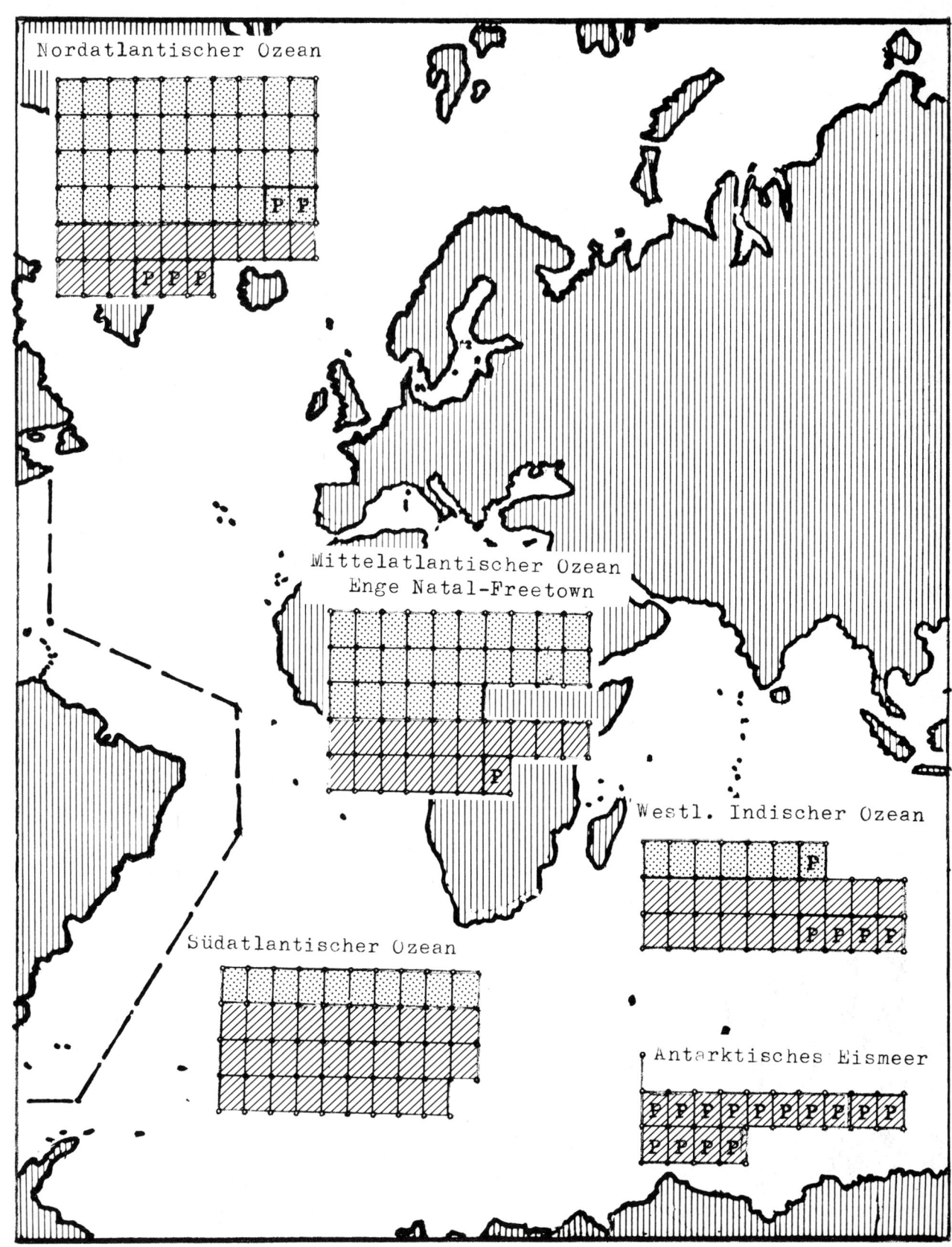

Nordatlantischer Ozean

Mittelatlantischer Ozean
Enge Natal-Freetown

Westl. Indischer Ozean

Südatlantischer Ozean

Antarktisches Eismeer

Chronik des Handelskriegs mit Hilfskreuzern

(einschließlich der mittelbar zugehörigen Ereignisse)

Der Erste Weltkrieg

1914

2. 8.: Hilfskreuzer *Kaiser Wilhelm der Große* i.D., läuft am 5. 8. aus Bremerhaven aus.

3. 8.: Hilfskreuzer *Victoria Luise* i.D., am 8. 8. zurückgegeben.

5. 8.: Hilfskreuzer *Prinz Eitel Friedrich* in Tsingtau i.D.

6. 8.: Hilfskreuzer *Kronprinz Wilhelm* durch Kreuzer *Karlsruhe* im Mittelatlantik i.D.

7. 8.: Hilfskreuzer *Cormoran* in Tsingtau i.D.

26. 8.: Hilfskreuzer *Kaiser Wilhelm der Große* nach Gefecht mit englischem Kreuzer *Highflyer* selbst versenkt.

31. 8.: Hilfskreuzer *Cap Trafalgar* im Mittelatlantik durch Kanonenboot *Eber* i.D.

14. 9.: Hilfskreuzer *Cap Trafalgar* im Gefecht mit AMC *Carmania* im Südatlantik gesunken.

18. 9.: Hilfskreuzer *Berlin* in Wilhelmshaven in Dienst, hauptsächlich als Minenleger.

27. 10.: Linienschiff *Audacious* sinkt auf von *Berlin* gelegten Minen.

18. 11.: Hilfskreuzer *Berlin* in Drontheim interniert.

13. 12.: Hilfskreuzer *Cormoran* in Guam interniert.

1915

8. 2.: Schnelldampfer *Cap Polonio* als Hilfskreuzer *Vineta* i.D., 14. 2. zurückgegeben.

10. 3.: Hilfskreuzer *Prinz Eitel Friedrich* in Newport News, USA, eingelaufen, interniert.

11. 4.: Hilfskreuzer *Kronprinz Wilhelm* in Newport News, USA, eingelaufen, interniert.

6. 5.: Hilfskreuzer *Meteor* i.D. – Erster Frachtdampfer als Hilfskreuzer. – Minenunternehmung gegen Archangelsk, Handelskrieg im Kattegat. – Minenunternehmung gegen Forth of Moray.

9. 8.: Hilfskreuzer *Meteor* versenkt sich beim Näherkommen englischer Kreuzer selbst. Besatzung entgeht der Gefangenschaft.

15. 8.: OlzSdR Theodor Wolf (* 24. 9. 1885, † 16. 1. 1916 als Wachoffizier auf *U 73* über Bord gespült) schlägt vor, einen Frachtdampfer als Hilfskreuzer auszurüsten. Verlangte Eigenschaften: 4600 BRT, Besatzung 152 Köpfe, Fahrbereich 38 000 Seemeilen bei 140 Tagen Seeausdauer.

30. 8.: Der Flottenchef gibt Wolfs Vorschlag befürwortend weiter an den Admiralstab, wo dieser mit Absichten für eine Fern-Minenunternehmung zusammentrifft. Der mit der Auswahl eines geeigneten Schiffes beauftragte KK Graf zu Dohna-Schlodiehn vereinigt beide Absichten, indem er einen auch für den Handelskrieg geeigneten Dampfer auswählt, die *Pungo*, den späteren Hilfskreuzer *Möwe*. Die Minenaufgabe stellt das Flottenkommando als Hauptsache in den Vordergrund. Handelskrieg darf der Kommandant nach Erledigung des Minenauftrags »nach freiem Ermessen« durchführen.

1. 11.: Befehl zur Indienststellung des Hilfskreuzers *Möwe*.

4. 12.: D. *Pungo* trifft zum Umbau in Wilhelmshaven ein.

29. 12.: Hilfskreuzer *Möwe* tritt von der Elbe aus die 1. Unternehmung an, von *U 68* gesichert.

1916

2. 1.: Hilfskreuzer *Möwe* wirft 252 Minen vor dem Pentland Firth.

6. 1.: Linienschiff *King Edward VII* sinkt auf von Hilfskreuzer *Möwe* gelegten Minen.

14. 1.: Hilfskreuzer *Wolf (I)* i.D.

23. 1.: Hilfskreuzer *Greif* i.D.

26. 2.: Hilfskreuzer *Wolf (I)* strandet in der Unterelbe und wird am 28. 2. a.D. gestellt.

29. 2.: Hilfskreuzer *Greif* sinkt in der nördlichen Nordsee im Gefecht mit drei AMC und zwei Kreuzern und versenkt den AMC *Alcantara*.

4. 3.: Hilfskreuzer *Möwe* in Wilhelmshaven eingelaufen.

16. 5.: Der spätere Hilfskreuzer *Wolf (II)* als Hilfsschiff *Jupiter* i.D.

24. 8.: Hilfskreuzer *Möwe* zur zweiten Unternehmung ausgelaufen.

29. 11.: *Jupiter* wird Hilfskreuzer *Wolf (II)*.

30. 11.: Hilfskreuzer *Wolf* aus Kiel ausgelaufen.

2. 12.: Hilfskreuzer *Seeadler* auf der Reede Blexen i.D., 21. 12. ausgelaufen.

1917

16. 1.: Hilfskreuzer *Wolf* wirft Minen vor Kapstadt, am 18. 1. auf der Agulhas-Bank, am 16. 2. vor Colombo.

19. 1.: Hilfskreuzer *Leopard* i.D.

10. 3.: Gefecht des Hilfskreuzers *Möwe* mit dem britischen D. *Otaki*. Tote und Verwundete auf beiden Seiten. *Otaki* versenkt.

16. 3.: Hilfskreuzer *Leopard* bei den Faeröern durch zwei britische Kreuzer versenkt. Totalverlust.

21. 3.: Hilfskreuzer *Möwe* nach 2. Unternehmung in Kiel eingelaufen.

25.–28. 6.: Hilfskreuzer *Wolf* legt Minen vor Neuseeland und Australien.

2. 8.: Hilfskreuzer *Seeadler* bei der Insel Mopelia gestrandet.

4.–5. 9.: Hilfskreuzer *Wolf* legt Minen in die Ansteuerungen von Singapore.

1918

21. 3.: Hilfskreuzer *Wolf* in deutschen Gewässern, 24. 2. in Kiel eingelaufen.

Das Hilfskreuzerproblem zwischen den Weltkriegen

28. Juni 1919: Vertrag von Versailles. Jede Art von Kriegsvorbereitung, die den materiellen Rahmen des Vertrages sprengt, ist verboten. Zunächst keine amtliche Veröffentlichung über den Handelskrieg mit Hilfskreuzern. Dagegen erscheinen zahlreiche private Darstellungen, unter denen das bekannteste »Seeteufel« von Felix Graf von Luckner, Kommandant des *Seeadler*, und das sachlichste und am besten unterrichtende »Das schwarze Schiff« von Fritz Witschetzky, Artillerieoffizier von *Wolf*, ist.

16. März 1935: Wiederherstellung der Wehrhoheit durch Einführung der allgemeinen Wehrpflicht. In der Marineleitung beginnen Überlegungen, wie in einem Krieg mit Frankreich Handelsstörkreuzer eingesetzt werden können, und zwar im Zusammenwirken mit den Panzerschiffen bei der Unterbindung des französischen Nachschubs aus Nordafrika. Absicht ist vor allem die Verzögerung der Truppenverstärkungen in den ersten Kriegstagen. Daneben tritt die Aufgabe, durch zu Handelsschutzkreuzern umgewandelte Handelsschiffe die geringe Zahl der deutschen Leichten Kreuzer, die zudem einen nicht genügenden Fahrbereich haben, zu entlasten, wenn nicht gar auf dem Atlantik zu ersetzen. So entstehen zwei Begriffe nebeneinander: der Handels-Schutz- und der Handels-Stör-Kreuzer, beide abgekürzt »HSK«. Beide Begriffe verschmelzen zu einem, als der Krieg mit England droht.

1937: Herausgabe des Bandes »Die deutschen Hilfskreuzer« des amtlichen Seekriegswerks »Der Krieg zur See 1914–1918«, bearbeitet durch V.Adm.a.D. v. Manthey.

1938: Beginn der gedanklichen und personellen Vorbereitung von H.S.K. im Sinne der früheren Hilfskreuzer. Aufgrund der schlechten Erfahrungen von 1914 im Blick auf die in Spannungszeiten mehr oder minder zufällig im deutschen Machtbereich befindlichen Handelsschiffe, die für eine Verwendung als Hilfskreuzer in Frage kommen, wird darauf verzichtet, bestimmte Schiffe vorzusehen, zumal als sicher anzusehen ist, daß genügend geeignete Schiffe zur Verfügung stehen werden. Personal aller Dienstgrade wird ausgebildet. Besatzungsstämme soll vor allem das Stammpersonal der 3 Segelschulschiffe stellen.

Die Begründung für die spätere Einteilung in »schwere« und »leichte« Hilfskreuzer läßt sich bisher nur rückblickend vermuten: alle schweren Hilfskreuzer sind größer als 7021 BRT, alle leichten kleiner als 5042 BRT. Die Bewaffnung scheint nur bei den tatsächlichen Kreuzern, nicht aber bei den Hilfskreuzern eine entscheidende Rolle gespielt zu haben.

Bei Kriegsausbruch beginnen unverzüglich die personellen und materiellen Arbeiten: Auswahl der geeigneten Schiffe, Umbau-Anweisungen an Werften, Zusammenstellen der Besatzungen, Bauaufsicht, Belehrung, Indienststellung, Ausbildung und Übung, Auslaufen zur Unternehmung.

Wesentliche Ereignisse des Handelskriegs mit Hilfskreuzern während des II. Weltkriegs

1939

3. 9.: Ausbruch des II. Weltkriegs. Erklärung eines deutschen Blockadegebietes vor großen Abschnitten der britischen und französischen Küste.

2. 10.: Die panamerikanische Konferenz beschließt eine Neutralitätszone von etwa 300 sm Breite vor den nicht im Krieg befindlichen Staaten Amerikas.

21. 11.: Großbritannien dehnt die Blockade auf die deutsche Ausfuhr aus.

1940

9. 3.: Großbritannien erzwingt, daß entgegen dem Seekriegsrecht deutsche Kohlenlieferungen an Italien – bisher als neutrales Gut auf neutralem Schiff zugelassen – nicht mehr über See geleitet werden.

Die als »Erste Welle« bezeichneten Hilfskreuzer sollen möglichst gleichzeitig in ihren Operationsgebieten eintreffen und diese möglichst unbemerkt erreichen. Daher wird ihr Auslaufen zeitlich gestaffelt:

11. 3.: Hilfskreuzer *Atlantis* ausgelaufen zum Indischen Ozean, Hilfskreuzer *Orion* 6. 4. aus Süder Piep (Westküste Schleswig-Holsteins) zum Pazifischen Ozean, Hilfskreuzer *Widder* am 6. 5. aus Bergen in den Mittelatlantik, Hilfskreuzer *Thor* am 6. 6. aus Kiel in den Südatlantik, Hilfskreuzer *Pinguin* am 15. 6. aus Gotenhafen in den Indischen Ozean und Hilfs-

kreuzer *Komet* am 9. 7. aus Bergen durch das europäische und asiatische Nordmeer zum Pazifischen Ozean.

7./9. 4.: Hilfskreuzer *Orion* gerät zwischen die deutschen und alliierten Unternehmungen anläßlich der Besetzung Norwegens.

24. 4.: Um die deutschen Kräfte in Norwegen zu entlasten, erhält *Orion* Befehl, durch Anhalten von Schiffen im Nordatlantik Alarm auszulösen. Der daraufhin angehaltene Brite *Haxby* sendet irrtümlich RRRR, was ein Kriegsschiff bedeutet, anstatt QQQQ (= Hilfskreuzer). Damit ist der angestrebte Zweck besser als gedacht erreicht.

3. 5.: *Atlantis* versenkt den Briten *Scientist,* der mit QQQQ erstmals einen deutschen Hilfskreuzer meldet.

18. 5.: Die von *Orion* aufgebrachte Prise *Tropic Sea* versenkt sich bei der Annäherung feindlicher Seestreitkräfte selbst, wodurch die Alliierten die Anwesenheit eines zweiten Hilfskreuzers im Pazifik erfahren.

6. 6.: Hilfskreuzer *Thor* ausgelaufen.

13./14. 6.: *Orion* legt 238 Minen vor Auckland, Neuseeland. (1. Erfolg am 19. 6.).

15. 6.: Hilfskreuzer *Pinguin* ausgelaufen.

22. 6.: Waffenstillstand mit Frankreich. Die französische Kanal- und Atlantikküste steht für die Hilfskreuzer zur Verfügung.

3. 7.: Hilfskreuzer *Komet* ausgelaufen.

18. 7.: Die Alliierten erhalten durch entlassene Schiffsbesatzungen erstmals genaue Angaben über einen deutschen Hilfs-

kreuzer. – Im September stellt sich Grönland unter die Verwaltung der USA. Dadurch wird der Ausbruch aus dem Nordmeer in den Atlantik erschwert.

17. 8.: Deutschland erklärt die totale Blockade um die britischen Inseln.

20. 10.: Der deutsche »Flottenverband Fernost« (*Orion, Komet* und Versorger *Kulmerland*) gebildet zwecks Vergrößerung der Suchbreite.

31. 10.: Hilfskreuzer *Widder* in Brest eingelaufen.

3. 12.: *Kormoran* aus Gotenhafen als 1. Schiff der 2. Welle ausgelaufen. Es folgen *Thor, Michel* und *Stier.*

5. 12.: *Thor* hat schweres Gefecht mit AMC *Carnarvon Castle,* der mit 32 Toten und 82 Verwundeten in Montevideo einläuft. *Thor* unbeschädigt.

6. 12.: *Orion* macht *Triona* aus, die trotz Widerspruch von *Orion* durch *Komet* gejagt, eingeholt, untersucht und versenkt wird. Kommandant *Komet* setzt einen Teil der Gefangenen aus, wodurch Gegner entscheidende Kenntnisse über die Hilfskreuzer erhält.

23. 12.: *Komet* erhält durch entschlüsselte Funksprüche Kenntnis vom Einlaufen von drei Phosphatschiffen in Nauru, entschließt sich zur Zerstörung der Verladeanlagen (am 27. 12. durchgeführt), was sich wie die Versenkung von etwa 40 Frachtern auswirkt.

1941

14. 1.: *Pinguin* schafft den höchsten Tageserfolg eines Hilfskreuzers: 3 Walkocher und 11 Fangboote aufgebracht.

4. 4.: *Thor* versenkt den AMC *Voltaire.*

30. 4.: *Thor* in Hamburg eingelaufen.

8. 5.: *Pinguin* durch S.Krz. *Cornwall* versenkt.

22. 6.: Beginn des Kriegs gegen UdSSR.

7. 7.: USA übernehmen das bisher britisch besetzte Island.

23. 8.: *Orion* in Royan eingelaufen.

11. 9.: US-Regierung befiehlt der Marine, bei Zwischenfällen mit den Achsenmächten zuerst zu schießen.

7. 10.: *Pinguin* rüstet die Prise Tanker *Storstadt* als Minenleger *Passat* aus, übergibt 110 Minen. Da das Schiff für Australien bestimmt ist, wird es dort kaum Verdacht erregen.

28. 10.–7. 11.: *Pinguin* wirft Minen vor der australischen Süd- und Westküste, *Passat* ebenso vom 29. 10.–1. 11.

31. 10.: *Widder* läuft in Brest ein.

19. 11.: *Kormoran* versenkt den Leichten Kreuzer *Sydney* und muß wegen eigener Schäden aufgegeben werden. Große Teile der Besatzung retten sich an die australische Küste.

22. 11.: *Atlantis* wird durch den S. Krz. *Devonshire* vernichtet. Die Besatzung wird zunächst vom Versorger *Phyton* aufgenommen, nach dessen Versenkung (1. 12. durch *Dorsetshire*) durch deutsche und italienische U-Boote nach Frankreich gebracht.

30. 11.: *Komet* in Hamburg eingelaufen.

8. 12.: Deutschland und Italien erklären den USA den Krieg. Japanische Stützpunkte stehen den deutschen Hilfskreuzern offen.

1942

14. 1.: *Thor* läuft zur zweiten Unternehmung aus der Gironde aus.

18. 1.: Deutsch-italienisch-japanisches Militärbündnis. Aktive Unterstützung der deutschen Hilfskreuzer vereinbart.

9. 3.: *Michel* aus Kiel, am 20. 3. aus La Pallice ausgelaufen.

23. 3.: *Thor* erbeutet auf *Pagasitikos* wertvolle britische Unterlagen, aufgrund deren der Hilfskreuzer am 30. 3., 1. 4. und 10. 4. je ein Schiff versenkt.

22. 5.: Hilfskreuzer *Stier* läuft aus Royan aus, erste Beute 4. 6.

4./6. 6.: Seeschlacht bei Midway. Wendepunkt des Kriegs im Pazifik.

1. 8.: *Michel* und *Stier* operieren bis zum 9. 8. gemeinsam.

27. 9.: *Stier* versenkt den amerikanischen Frachter *Stephen Hopkins* in erbittertem Gefecht; muß selbst aufgegeben werden. Besatzung mit Versorger *Tannenfels* nach Frankreich.

8. 10.: *Komet* zur zweiten Unternehmung aus Hamburg ausgelaufen.

9. 10.: *Thor* von zweiter Unternehmung in Yokohama eingelaufen.

14. 10.: *Komet* wird bei Cap de la Hague durch das britische Motor-Torpedoboot (MTB) *236* versenkt. Keine Überlebenden.

7./8. 11.: Alliierte Landungen in Nordafrika. Wesentliche Erschwerung des Handelskriegs im Nordatlantik.

30. 11.: Verheerendes Explosionsunglück auf Versorger *Uckermarck* in Yokohama. Hilfskreuzer *Thor* und Versorger *Leuthen* brennen dabei aus.

1943

31. 1.: Hilfskreuzer *Coronel* aus Ostsee nach Norwegen, 7. 2. ab Sylt, 10. 2. aus Dünkirchen, 13. 2. bei Boulogne durch Luftangriff beschädigt. 26. 2. erneuter Bombentreffer in Boulogne. Rückmarsch befohlen. 2. 3. in Kiel eingelaufen.

1. 3.: *Michel* in Yokohama eingelaufen.

21. 5.: *Michel* aus Yokohama zur zweiten Unternehmung ausgelaufen.

11. 9.: Letzte Versenkung eines Handelsschiffes durch einen deutschen Hilfskreuzer: *Michel* versenkt unter Mitarbeit von *LS 4* den norwegischen Tanker *India.*

12. 10.: Portugal erlaubt den Alliierten die Benutzung der Azoren als Luftstützpunkt.

17. 10.: *Michel* durch US-U-Boot *Tarpon* versenkt. 116 Überlebende gelangen nach Japan. – Ende des Handelskriegs mit deutschen Hilfskreuzern.

Verbleib der Hilfskreuzer

1 *Normannia* 1898 span. Hilfskreuzer *Patriota*, 1899 franz. *L'Aquitaine*, 1906 abgebrochen.

2 *Kaiser Wilhelm der Große:* 26. 8. 1914 beim Bunkern im spanischen Rio de Oro durch britischen L.Krz. *Highflyer* mit Artillerie schwer beschädigt, selbst versenkt, gekentert.

3 *Cormoran:* 13. 12. 1914 in Guam interniert, 7. 4. 1917 vor Beschlagnahme selbst versenkt. Sieben Gefallene.

4 *Prinz Eitel Friedrich:* 9. 4. 1915 in Newport News, USA, und

5 *Kronprinz Wilhelm:* 26. 4. 1915 in Newport News, USA, interniert, beide am 7. 4. 1917 beschlagnahmt und als Truppentransporter *De Kalb* bzw. *von Steuben* eingesetzt. Nach Dienst unter anderem Namen 1927 bzw. 1923 abgebrochen.

6 *Cap Trafalgar:* 14. 9. 1914 bei brasilianischer Insel Trinidada durch AMC *Carmania* versenkt. 16 Gefallene. Überlebende durch Versorger *Eleonore Woermann* nach Argentinien, Internierung.

7 *Berlin:* 18. 11. 1914 Drontheim, Norwegen, interniert, 1921 brit. *Arabic*, 1931 abgebrochen.

8 *Vineta:* Nach Probefahrt am 14. 2. 1915 wegen zu geringer Geschwindigkeit außer Dienst. *Cap Polonio.* 1919 an Großbritannien. 1921 Rückkauf durch HSDG. 1936 abgebrochen.

9 *Meteor:* 9. 8. 1915 in der Nordsee vor fünf britischen Kreuzern selbst versenkt. Besatzung kam auf schwedischem Fischkutter heim.

10 *Möwe:* 12. 6. 1916–24. 8. 1916 Hilfskreuzer *Vineta*. 1918 Hilfsminenschiff *Ostsee*, 1919 britische Beute, *Greenbrier*, 1933 deutsch *Oldenburg*, 7. 4. 1945 durch britisches U-Boot vor Norwegen versenkt, 1953 abgebrochen.

11 *Wolf (I):* 26. 2. 1916 in der Elbmündung gestrandet, durchgebrochen, außer Dienst, 1919 an Frankreich.

12 *Greif:* 29. 2. 1916 in der nördlichen Nordsee im Gefecht mit zwei AMC, einem L.Krz. und zwei Zerstörern gesunken. Dabei AMC *Alcantara* versenkt. 97 Gefallene. Überlebende in britische Gefangenschaft.

13 *Wolf (II):* 1918 Hilfskreuzer Ostsee, 1919 an Frankreich, *Antinous*, 1931 abgebrochen.

14 *Seeadler:* 2. 8. 1917 Insel Mopelia (Gesellschaftsinseln) gestrandet, aufgegeben.

15 *Geier:* 14. 2. 1917 nach Abrüsten durch *Möwe* versenkt, da Antriebsanlage aufgebraucht.

16 *Leopard:* 16. 3. 1917 bei Färöer im Gefecht mit Pz.Krz. *Achilles* und L.Krz. *Dundee* gesunken.

17 *Iltis:* 15. 3. 1917 vor herannahendem L.Krz. *Fox* selbst versenkt. Besatzung gefangen.

18 *Orion:* 1942 Werkstattschiff, 12. 1. 1944 Artl. Schulschiff *Hektor*, ab etwa Jahreswende 1944/45 wieder *Orion*. 4. 5. 1945 nördlich Swinemünde durch britische Fliegerbombe versenkt, 1952 abgebrochen.

19 *Atlantis:* 23. 11. 1941 durch britischen S.Krz. *Devonshire* beschädigt, dann selbst versenkt, Besatzung kehrte in die Heimat zurück.

20 *Widder:* 1941 Werkstattschiff, 1945 britische Beute, 1946 *Ulysses*, 1950 deutsch *Fechenheim*, 3. 10. 1955 im Sturm vor der norwegischen Küste gestrandet, 1956 abgebrochen.

21 *Thor:* 30. 11. 1942 in Yokohama durch Explosion des Versorgers *Ukkermark* schwer beschädigt. 13 Tote. Außer Dienst, abgebrochen.

22 *Pinguin:* 8. 5. 1941 nördlich Seychellen durch britischen S.Krz. *Cornwall* versenkt. 341 Gefallene, Überlebende gefangen.

23 *Stier:* 27. 9. 1942 östlich Bahia durch amerikanischen Frachter *Stephen Hopkins* manövrierunfähig geschossen. Selbst versenkt. Vier Gefallene. Besatzung mit Versorger *Tannenfels* in die Heimat.

24 *Komet:* 14. 10. 1942 vor Cap de la Hague (Engl. Kanal) auslaufend durch zwei Torpedos des britischen MTB 236 versenkt.

25 *Kormoran:* 9. 11. 1941 vor australischer Westküste nach Versenkung des australischen L.Krz. *Sydney* im Gefecht gesunken. 76 Gefallene. Überlebende landen nach beschwerlicher Fahrt in Australien.

26 *Michel:* 17. 10. 1943 südlich Yokohama durch drei Torpedos des amerikanischen U-Boots *Tarpon* versenkt. 290 Gefallene. Überlebende nach Japan.

27 *Coronel:* Sommer 1943 Sperrbrecher, 16. 10. 1943 Nachjagdleitschiff *Togo*, 13. 8. 1945 britische Beute, 1946 an USA, später Norwegen *Svalbard*, 1954 *Tilthorn*, 1955 *Stella Marine*, 1956 deutsch *Togo*, 1968 *Lacasielle*, Panama. 1976 noch in Fahrt.

28 *Hansa:* Zielschiff für die U-Bootsausbildung in der Ostsee, 1944 Schul- und Zielschiff. 4. 5. 1945 Minentreffer in der westlichen Ostsee, geborgen, britische Beute *Empire Humber*, 1946 *Glengarry*, 1970 *Dardanus*, 1971 *Glengarry*, 1971 abgebrochen.

Deutsche Erfolge im Handelskrieg mit Hilfskreuzern

A – Von deutschen Hilfskreuzern in beiden Weltkriegen aufgebrachte und/oder versenkte Schiffe

Nat.	Art	Name	BRT	Datum	Bem.

Kaiser Wilhelm der Große
4.8.–26.8.1914

Nat.	Art	Name	BRT	Datum	Bem.
GB	F	Tubal Cain	225	7. 8.1914	+
GB	F	Kaipara	7392	16. 8.1914	+
GB	F	Nyanga	3066	16. 8.1914	+
		3 Schiffe	10683		

Prinz Eitel Friedrich
5.8.1914–10.3.1915

Nat.	Art	Name	BRT	Datum	Bem.
GB	F	Charcas	5067	5.12.1914	+
F	S	Jean	2207	11.12.1914	K, 31.12. +
GB	S	Kildalton	1784	12.12.1914	+
R	S	Isabel Browne	1315	26. 1.1915	+
F	S	Pierre Loti	2196	27. 1.1915	+
US	S	William P. Frye	3374	27. 1.1915	+
F	S	Jacobsen	2195	28. 1.1915	+
GB	S	Invercoe	1421	12. 2.1915	+
GB	F	Mary Ada Short	3605	18. 2.1915	+
F	F	Floride	6629	19. 2.1915	+
GB	F	Willerby	3630	20. 2.1915	+
		11 Schiffe	33423		

Kronprinz Wilhelm
8.8.1914–11.4.1915

Nat.	Art	Name	BRT	Datum	Bem.
GB	F	Indian Prince	2846	4. 9.1914	K, 9.9. +
GB	F	La Correntina	8529	7.10.1914	14.10 +
F	S	Union	2183	28.10.1914	K, 22.11. +
F	S	Anne de Brétagne	2063	21.11.1914	24.11. +
GB	F	Bellevue	3814	4.12.1914	K, 20.12. +
F	F	Mont Agel	4803	4.12.1914	+
GB	F	Hemisphere	3486	28.12.1914	K, 8.1.1915 +
GB	F	Potaro	4419	28.12.1914	K, 8.1.1915 +
GB	F	Highland Brae	7634	14. 1.1915	K, 30.1. +
GB	S	Wilfried M	251	14. 1.1915	+
N	S	Semantha	2280	3. 2.1915	+
GB	F	Chasehill	4583	22. 2.1915	K, entl. 9.3.
F	F	Guadeloupe	6600	23. 2.1915	24.2. +
GB.	F	Tamar	3207	24. 3.1915	+
GB	F	Coleby	3824	28. 3.1915	+
		15 Schiffe	60522		

Meteor
1. Fahrt 29.5.– .6.1915

Nat.	Art	Name	BRT	Datum	Bem.
S	F	Verdandi	950	15. 6.1915	+
N	F	Granit	662	16. 6.1915	+
S	F	Thorsten	1634	16. 6.1915	P
		3 Schiffe	3246		

2. Fahrt 6.8.–9.8.1915

Nat.	Art	Name	BRT	Datum	Bem.
GB	F	The Ramsey, AMC	?	8. 8.1915	+ ×
DK	S	Jason	?	8. 8.1915	+
		2 Schiffe	?		

Möwe
1. Fahrt 29.12.1915–4.3.1916

Nat.	Art	Name	BRT	Datum	Bem.
GB	F	Corbridge	3687	11. 1.1916	
GB	F	Farringford	3146	11. 1.1916	+
GB	F	Dromonby	3627	13. 1.1916	+
GB	F	Author	3496	13. 1.1916	+
GB	F	Trader	3608	13. 1.1916	+
GB	F	Ariadne	3035	15. 1.1916	+
GB	F	Appam	7781	15. 1.1916	P, 17.1. ent...
GB	S	Clan Mactavish	5816	16. 1.1916	+
B	F	Edinburgh	1473	22. 1.1916	+
GB	F	Luxembourg	4322	4. 2.1916	+
GB	F	Flamenco	4540	6. 2.1916	+
GB	F	Westburn [1]	3300	8. 2.1916	P, 23.2. ent...
GB	F	Horace	3109	9. 2.1916	+
F	F	Maroni	3109	24. 2.1916	+
GB	F	Saxon Prince	3471	25. 2.1916	+
		15 Schiffe	57520		

[1] später versenkt

als Hilfskreuzer *Vineta* in der Ostsee am 27.7.1916

Nat.	Art	Name	BRT	Datum	Bem.
GB	F	Eskimo	3326	27. 7.1916	P
		1 Schiff	3326		

Möwe
2. Fahrt 23.11.1916–22.3.1917

Nat.	Art	Name	BRT	Datum	Bem.
GB	F	Voltaire	8618	2.12.1916	+
N	F	Hallbjörg	2586	4.12.1916	+
GB	F	Mount Temple	9792	6.12.1916	+
GB	S	Duchess of Cornwall	152	8.12.1916	+
GB	F	King George	3852	8.12.1916	+
GB	F	Cambrian Range	4235	9.12.1916	+
GB	F	Georgic	10077	10.12.1916	+
GB	F	Yarrowdale	4652	11.12.1916	[1]
GB	F	Saint Theodore	4992	12.12.1916	[2]
GB	F	Dramatist	5415	18.12.1916	+
F	S	Nantes	2679	26.12.1916	+
F	S	Asnières	3103	2. 1.1917	+
JA	F	Hudson Maru	3798	5. 1.1917	entl.
GB	F	Radnorshire	4310	8. 1.1917	+
GB	F	Minieh	2890	9. 1.1917	+
GB	F	Netherby Hall	4461	10. 1.1917	+
GB	F	Brecknockshire	8423	15. 2.1917	+
GB	F	French Prince	4766	16. 2.1917	+
GB	F	Eddie	2652	16. 2.1917	+
GB	F	Katherine	2926	24. 2.1917	+
GB	F	Rhodanthe	3061	4. 3.1917	+
GB	F	Esmeraldas	4678	10. 3.1917	+
GB	F	Otaki	9575	10. 3.1917	+ ×
GB	F	Demeterton	6048	13. 3.1917	+
GB	F	Governor	5524	14. 3.1917	+
		25 Schiffe	123265		

[1] P, 31.12. Swinemünde, sp. Hilfskreuzer *Leopard*
[2] sp. Hilfsschiff *Geier*, 14.2.1917 (+)

Greif
27.2.–29.2.1916

Nat.	Art	Name	BRT	Datum	Bem.
GB	P	Alcantara, AMC	15620	29. 2.1916	+ ×
		1 Schiff	15620		

olf
.11.1916–24.2.1918

3	F	Turritella	5 528	27. 1.1917	[1]
3	F	Jumna	4 152	1. 3.1917	K, 3. 3. +
3	F	Wordsworth	3 509	11. 3.1917	18. 3. +
3	S	Dee	1 169	30. 3.1917	+
B	F	Wairuna	3 947	2. 6.1917	K, 17. 6. +
	S	Winslow	567	16. 6.1917	K, 22. 6. +
5	S	Beluga	507	9. 7.1917	11. 7. +
5	S	Encore	651	14. 7.1917	+
B	F	Matunga	1 618	6. 8.1917	26. 8. +
	F	Hitachi Maru	6 557	26. 9.1917	7.11. +
	F	Igotz Mendi	4 648	10.11.1917	P [2]
5	S	John H. Kirby	1 296	30.11.1917	1.12. +
	S	Maréchal Davout	2 192	15.12.1917	+
	S	Storebror	2 050	4. 1.1918	+
		14 Schiffe	38 391		

am 27.2.1917 als Hilfskreuzer *Iltis* in Dienst (+) vor brit. Krzr.
24.2.1918 bei Skagen gestrandet

eadler
.12.1916–2.8.1917

B	F	Gladis Royle	3 268	9. 1.1917	+
B	F	Lundy Island	3 095	10. 1.1917	+
	S	Charles Gounod	2 199	21. 1.1917	+
B	S	Percé	364	24. 1.1917	+
	S	Antonin	3 071	3. 2.1917	+
	S	Buenos Ayres	1 811	9. 2.1917	+
B	S	Pinmore	2 431	19. 2.1917	+
B	S	British Yeoman	1 953	26. 2.1917	+
	S	La Rochefoucauld	2 200	27. 2.1917	+
	S	Dupleix	2 206	5. 3.1917	+
B	F	Horngarth	3 609	11. 3.1917	+
	S	Cambronne	1 833	21. 3.1917	[1]
S	S	A. B. Johnson	529	14. 6.1917	+
S	S	R. C. Slade	673	18. 6.1917	+
S	S	Manila	731	8. 7.1917	+
S	S	Lutèce	126	5. 9.1917	[2]
		16 Schiffe	30 099		

am 21.3. mit Gefangenen nach Rio de Janeiro entlassen,
dort 30.3. eingelaufen.
als S. M. H. *Fortuna* in Dienst mit Restbesatzung *Seeadler* zur Osterinsel,
dort Anfang Oktober durch große Undichtigkeiten gesunken.

Geier
8.12.1916–14.2.1917

GB	S	Jean	215	31.12.1916	+
N	S	Staut	1 227	3. 1.1917	I
		2 Schiffe	1 442		

Orion
.4.1940–23.8.1941

GB	F	Haxby	5 207	24. 4.1940	+
N	F	Tropic Sea	8 750	19. 6.1940	P [1]
	F	Notou	2 489	16. 8.1940	+
GB	F	Turakina	9 691	20. 8.1940	+
N	F	Ringwood	7 203	14.10.1940	+
GB	F	Chaucer	5 792	29. 7.1941	+
		6 Schiffe	39 132		

) kurz vor Einlaufen durch brit. U-Boot versenkt.

Orion und *Komet* gemeinsam
5.11.–8.12.1940

GB	F	Holmwood	546	25.11.1940	+
GB	P	Rangitane	16 712	27.11.1940	+
GB	F	Triona	4 413	6.12.1940	+
N	F	Vinni (KT)	5 181	7.12.1940	+
GB	F	Komata (KT)	3 900	7.12.1940	+
GB	F	Triadic (OR)	6 378	8.12.1940	+
GB	F	Triaster (OR)	6 032	8.12.1940	+
		7 Schiffe	43 162		

Komet
9.7.1940–30.11.1941

GB	F	Australind	5 020	14. 8.1940	+
NL	F	Kotanopan	7 322	17. 8.1941	P
GB	F	Devon	9 036	19. 8.1941	+
		3 Schiffe	21 378		

Atlantis
11.3.1940–22.11.1941

GB	F	Scientist	6 199	3. 5.1940	+
N	F	Tirranna	7 230	10. 6.1940	P [1]
GB	F	City of Bagdad	7 506	11. 7.1940	+
GB	F	Kemmendine	7 770	13. 7.1940	+
N	F	Talleyrand	6 732	2. 8.1940	+
GB	F	King City	4 744	24. 8.1940	+
GB	T	Athelking	9 557	9. 9.1940	+
GB	F	Benarty	5 800	10. 9.1940	+
F	P	Commissaire Ramel	10 061	20. 9.1940	+
JU	P	Durmitor	5 623	22.10.1940	P [2]
N	T	Teddy	6 748	9.11.1940	+
N	T	Ole Jakob	8 306	10.11.1940	P [3]
GB	F	Automedon	7 528	11.11.1940	+
GB	F	Mandasor	5 144	24. 1.1941	+
GB	F	Speybank	5 154	31. 1.1941	P [4]
N	F	Ketty Brövig	7 301	2. 2.1941	P [5]
AE	P	Zam Zam	8 299	17. 4.1941	+
GB	F	Rabaul	6 809	14. 5.1941	+
GB	F	Trafalgar	4 530	24. 5.1941	+
GB	F	Tottenham	4 762	17. 6.1941	+
GB	F	Balzac	5 372	22. 6.1941	+
N	F	Silvaplana	4 793	10. 9.1941	P [6]
		22 Schiffe	145 968		

[1] 5.8.1940 entl., 22.9. vor Gironde torpediert.
[2] 20.10.1940 entl., vom Feind aufgebracht.
[3] 16.11.1940 entl., über Japan Bordeaux 19.7.1941 eingelaufen.
[4] 21.3.1941 eingel., 10.5. Gironde eingel., sp. als *Doggerbank*
Minenleger und Blockadebrecher.
[5] 5.3.1941 vom Feind aufgebracht.
[6] 27.9.1941 entl., 17.11. Bordeaux eingelaufen.

Widder
6.5.–31.10.1940

GB	T	British Petrol	6 891	13. 6.1940	I
N	T	Krosfonn	9 323	26. 6.1940	P
GB	F	Davisian	6 433	10. 7.1940	+
GB	F	King John	5 228	13. 7.1940	+
N	T	Beaulieu	6 114	4. 8.1940	+
NL	F	Oostplein	5 059	8. 8.1940	+
SF	S	Killoran	1 817	10. 8.1940	+
GB	F	Anglo Saxon	5 596	21. 8.1940	+
GB	T	Cymbeline	6 317	2. 9.1940	+
GR	F	Antonios Chandris	5 866	8. 9.1940	+
		10 Schiffe	58 644		

Thor
6.6.1940–30.4.1941 – 1. Fahrt

NL	F	Kertosono	9 289	1. 7.1940	P [1]
GB	F	Delambre	7 032	7. 7.1940	+
B	F	Bruges	4 983	9. 7.1940	+
GB	F	Gracefield	4 631	14. 7.1940	+
GB	F	Wendover	5 489	16. 7.1940	+
NL	B	Tela	3 777	19. 7.1940	+
N	WK	Kosmos	17 801	26. 9.1940	+
GB	F	Natia	8 715	8.10.1940	+
S	F	Trolleholm	5 047	25. 3.1941	+
GB	P	Britannia	8 799	25. 3.1941	+
GB	P	Voltaire, AMC	13 245	4. 4.1941	+ ×
S	E	Sir Ernest Cassel	7 739	16. 4.1941	+
		12 Schiffe	96 547		

[1] 12.7.1940 Lorient eingelaufen.

14.1.–9.10.1942 – 2. Fahrt

GR	F	Pagasitikos	3 492	23. 3.1942	+
GB	F	Wellpark	4 649	30. 3.1942	+
GB	F	Willesden	4 563	1. 4.1942	+
N	F	Aust	5 630	3. 4.1942	+
GB	F	Kirkpool	4 842	10. 4.1942	+
GB	F	Nankin	7 131	10. 5.1942	P [1]
NL	T	Olivia	6 307	14. 6.1942	+
N	T	Herborg	7 892	19. 6.1942	P [2]
N	T	Madrono	5 894	4. 7.1942	P [3]
GB	F	Indus	5 187	20. 7.1942	+
		10 Schiffe	55 587		

[1] 18.7. Japan eingelaufen, sp. Vorratsschiff *Leuthen*.
[2] nach Japan, sp. Blockadebrecher *Hohenfriedberg*.
[3] nach Japan, sp. Troßschiff *Rossbach*.

Pinguin
15.6.1940–8.5.1941

GB	F	Domingo de Larrinaga	5 358	31. 7.1940	+
N	T	Filefjell	6 901	27. 8.1940	+
GB	T	British Commander	5 008	27. 8.1940	+
N	F	Morviken	7 616	27. 8.1940	+
GR	F	Benavon	5 872	12. 9.1940	+
N	F	Nordvard	4 111	16. 9.1940	P [1]
N	T	Storstad	8 998	7.10.1940	P [2]
GB	F	Nowshera	7 920	19.11.1940	+
GB	F	Maimoa	10 123	20.11.1940	+
GB	F	Port Brisbane	8 739	21.11.1940	+
GB	F	Port Wellington	8 303	30.11.1940	+
N	WK	Ole Wegger	12 201	14. 1.1941	P [3]
N	WK	Solglimt	12 246	14. 1.1941	P [3]
N	WF	Pol VII	336	14. 1.1941	P [3]
N	WF	Pol VIII	298	14. 1.1941	P [3]
N	WF	Pol IX	354	14. 1.1941	P [3]
N	WF	Pol X	354	14. 1.1941	P [4]
N	WK	Pelagos	12 083	14. 1.1941	P [3]
N	WF	Star XIV	247	14. 1.1941	P [5]
N	WF	Star XIX	249	14. 1.1941	P [3]
N	WF	Star XX	249	14. 1.1941	P [3]
N	WF	Star XXI	298	14. 1.1941	P [3]
N	WF	Star XXII	303	14. 1.1941	P [3]
N	WF	Star XXIII	357	14. 1.1941	P [3]
N	WF	Star XXIV	361	14. 1.1941	P [5]
GB	F	Empire Light	6 828	25. 4.1941	+
GB	F	Clan Buchanan	7 266	28. 4.1941	+
GB	T	British Emperor	3 663	7. 5.1941	+
		28 Schiffe	136 642		

[1] 3.12.1940 Bordeaux eingelaufen.
[2] als Hilfsminenleger *Passat* i. D., 4.2.1941 Gironde eingelaufen.
[3] Bordeaux eingelaufen.
[4] von Hilfskreuzer *Komet* als Minenschiff *Adjutant* eingesetzt, 1.7.1941 (+).
[5] 13.3.1941 (+) bei Feindannäherung.

Stier
9.5.–27.9.1942

GB	F	Gemstone	4 986	4. 6.1942	+
PA	T	Stanvac Calcutta	10 170	6. 6.1942	+
GB	F	Dalhousie	7 072	9. 8.1942	+
US	F	Stephen Hopkins	8 500	27. 9.1942	+ ×
		4 Schiffe	30 728		

Kormoran
3.12.1940–19.11.1941

GR	F	Antonis	3 729	6. 1.1941	+
GB	T	British Union	6 987	18. 1.1941	+
GB	F	Afric Star	11 900	29. 1.1941	+
GR	F	Eurylochus	5 723	29. 1.1941	+
GB	T	Agnita	3 552	22. 3.1941	+
GB	T	Canadolite	11 309	25. 3.1941	P [1]
GB	F	Craftsman	8 022	9. 4.1941	+
GR	F	Nicolas D. L.	5 486	12. 4.1941	+
YU	F	Velebit	4 153	26. 6.1941	+
GB	F	Mareeba	3 472	26. 6.1941	+
GR	F	Stamatios G. Embiricos	3 941	26. 9.1941	+
	L.Krz.	Sydney	–	19.11.1941	+
		11 Schiffe	68 274		

[1] 13.4.1941 Gironde ein.

Michel
20.3.1942–1.3.1943 – 1. Fahrt

GB	T	Patella	7 468	19. 4.1942	+
US	T	Connecticut	8 684	22. 4.1942	+
N	F	Kattegat	4 245	20. 5.1942	+
US	F	George Clymer	7 176	7. 6.1942	+
GB	P	Lylepark	5 186	11. 6.1942	+
GB	P	Gloucester Castle	8 006	15. 7.1942	+
US	T	William F. Humphrey	7 893	16. 7.1942	+
N	T	Aramis	7 984	17. 7.1942	+
GB	F	Arabistan	5 874	14. 8.1942	+
GB	F	Empire Dawn	7 241	10. 9.1942	+
US	F	American Leader	6 778	11. 9.1942	+
GB	F	Reynolds	5 113	2.11.1942	+
US	F	Sawokla	5 882	29.11.1942	+
GR	F	Eugenie Livanos	4 816	8.12.1942	+
GB	F	Empire March	7 040	2. 1.1943	+
		15 Schiffe	99 386		

21.5.–17.10.1943 – 2. Fahrt

N	F	Hoegh Silverdawn	7 715	15. 6.1943	+
N	T	Ferncastle	9 940	17. 6.1943	+
N	T	India	9 977	11. 9.1943	+
		3 Schiffe	27 632		

– Durch Minen indirekt erzielte Erfolge der Hilfskreuzer
(Nur gesunkene Schiffe)

	Art	Name	BRT	Datum	ungefähre Lage der Sperre
Weltkrieg					
rlin					
	Linsch.	Manchester Commerce	?	26.10.1914	Irische See
		Audacious	27000 ts		Irische See
		1 Schiff	?		
eteor					
	F	?	ca. 800	7. 6.1915	Archangelsk
	F	?	ca. 5000	7. 6.1915	Archangelsk
	F	?	ca. 5000	7. 6.1915	Archangelsk
		3 Schiffe	ca. 10800		
öwe (1. Fahrt)					
	Linsch.	King Edward VII	16350	6. 1.1916	Schottland
	F	Bayo	2776	13. 1.1916	Gironde
	F	Belgica	2068	15. 1.1916	Gironde
		2 Schiffe	21194		
olf					
	F	Matheran	7654	26. 1.1917	Kapstadt
	F	Cilicia	3750	12. 2.1917	Kapstadt
	F	C. de Fizaguirre	4376	26. 5.1917	Kapstadt
	F	City of Athens	5604	10. 8.1917	Kapstadt
	F	Worcestershire	7175	17. 2.1917	Colombo
	F	Perseus	6728	21. 2.1917	Colombo
	F	Unkai Maru	2143	16. 6.1917	Bombay
	F	Mongolia	9505	24. 6.1917	Bombay
	F	Okhla	5288	29. 7.1917	Bombay
	F	Croxteth Hall	5872	17.11.1917	Bombay
	F	Wimmera	3622	26. 6.1918	Australien
	F	Cumberland	9471	6. 7.1917	Australien
	F	Port Kembla	4700	18. 9.1917	Neuseeland
		13 Schiffe	75888		

Nat.	Art	Name	BRT	Datum	ungefähre Lage der Sperre
II. Weltkrieg					
Orion					
GB	P	Niagara	13415	19. 6.1940	Neuseeland
GB	F	Puriri (Hilfsminensucher)	927		Neuseeland
		2 Schiffe	14342		
Pinguin und **Passat**					
GB	F	Nimbin	1052		Australien
GB	Fi	Millimumul	287		Australien
GB	F	Cambridge	10846		Australien
US	F	City of Rayville	5883		Australien
		4 Schiffe	18068		

C – Deutsche Hilfskreuzer ohne direkte Erfolge im Handelskrieg

Ohne direkte Erfolge im Handelskrieg blieben die Hilfskreuzer:

Cap Trafalgar	4.8.–26.8.1914
Cormoran	7.8.–13.12.1914
Berlin	16.10.–17.11.1914
Leopard	10.3.–16.3.1917
Komet	+14.10.1942
Coronel	13.2.1943 Unternehmung abgebrochen

Vergleich der Größe der aufgebrachten Schiffe und Gesamterfolge im I. und II. Weltkrieg

Beispiele für die Durchschnittsgröße der von einzelnen Hilfskreuzern versenkten Schiffe

I. Weltkrieg	Anzahl	Größe BRT	II. Weltkrieg	Anzahl	Größe BRT
Möwe (1. F.)	14	3552	*Atlantis*	16	6787
Wolf	12	3020	*Kormoran*	10	6329

Gesamterfolge der Hilfskreuzer während der beiden Weltkriege

	I. Weltkrieg Anzahl	Größe BRT	II. Weltkrieg Anzahl	Größe BRT
Versenkt	100	340813	102	639631
Als Prise heimgeschickt	3	17081	27	133002
Mit Gefangenen entlassen	2	6416	–	–
Gesamtangaben	105	364310	129	772633

Gesamtzahl und Gesamttonnage aller aufgebrachten Schiffe und deren Durchschnittsgröße

I. Weltkrieg
103 Schiffe mit 357894 BRT, Durchschnitt 3474 BRT
II. Weltkrieg
129 Schiffe mit 772633 BRT, Durchschnitt 5609 BRT

Quellenübersicht

I. Zur Entwicklung bis 1914

Verschiedene Jahrgänge des »Nauticus«. – Jahrbuch für Deutschlands Seeinteressen. E. S. Mittler & Sohn, Berlin, ab 1898.
Weyher, Bruno: »Taschenbuch der Kriegsflotten«, ab Jahrgang 1, 1900.
The Belgian Shiplover – Bimonthly Organ of the Belgian Nautical Research Association, Brüssel (mehrere Ausgaben).
Kludas, Arnold: »Deutschlands erste Zweischrauben-Schnelldampfer«, in: »Stallings maritimes Jahrbuch 1975/1976«.
Militärarchiv Freiburg, Aktenbestand.

II. Zum Ersten Weltkrieg

Der Krieg zur See 1914–1918. »Der Kreuzerkrieg in den ausländischen Gewässern«, bearbeitet von Eberhard von Mantey, Berlin 1937.
Der Krieg zur See 1914–1918. »Die Überwasserstreitkräfte und ihre Technik«, Berlin 1930.
Dohna-Schlodiehn, Nikolaus Graf und Burggraf zu: »Der *Möwe* Fahrten und Taten«, Stuttgart und Gotha 1927.
Busch, Fritz Otto, und Forstner, Georg Frhr. von: »Krieg auf 7 Ozeanen«, Berlin 1935.
Langsdorff, Werner von: »Kaperkrieg im Atlantik – Taten deutscher Hilfskreuzer und Hilfsschiffe , Gütersloh 1938.
Mielke, Otto: »Im Gefolge des Kreuzergeschwaders – S.M. Hilfskreuzer *Prinz Eitel Friedrich*« SOS-Schicksale deutscher Schiffe, 1958.
Witschetzky, Fritz: »Das Schwarze Schiff – Hilfskreuzer *Wolf*«.
Luckner, Graf Felix von: »Seeteufel –Abenteuer aus meinem Leben«, Berlin und Leipzig 1926.
Militärarchiv Freiburg, Aktenbestand.

III. Zum Zweiten Weltkrieg

Assmann, Kurt: »Deutsche Schicksalsjahre«, Brockhaus Wiesbaden 1950.
Brennecke, Jochen: »Gespensterkreuzer HK 33 (Hilfskreuzer *Pinguin*)« Deutscher Seeverlag, Hamm 1953.
Brennecke, Jochen: »Das große Abenteuer – Deutsche Hilfskreuzer 1939/45«, Koehler, Biberach 1959.
Detmers, Theodor: »*Kormoran* – Der Hilfskreuzer, der die *Sydney* versenkte«, Koehler, Biberach 1959.
Gröner, Erich: »Die deutschen Kriegsschiffe 1815–1945«, J. F. Lehmann, München 1966/68.
Lohmann, Walter und Hildebrand, Hans H.: »Die deutsche Kriegsmarine 1939–1945«, Podzun, Bad Nauheim 1956–1964.
O.K.M./3.S.K.L.: »Die Handelsflotten der Welt 1942«, M.Dv. Nr. 135 (bearbeitet von Erich Gröner).
O.K.M.: »Minenbedienungsvorschrift (M.B.V.)«, Geheim. M.Dv. Nr. 175, 1944.
Militärarchiv Freiburg, Aktenbestand.

Bildquellennachweis

(Seitenzahl und Platz des Bildes, o = oben bzw. oberes, m = mittleres, u = unten bzw. unteres Bild, r = rechts, l = links.)

Bundesarchiv Freiburg und Koblenz: 2, 40, 41 u, 42 o, 43 u, 55 u, 56–58, 62 m/u, 63, 64, 65 o, 68 mo/mu/u, 69, 73, 78, 79 or, 80, 81 ol/u, 82, 84, 86, 84 mo/mu/u, 91, 92 o, 95 m, 96 u, 101 u, 106 u, 119–121, 123 o, 124, 129 o. – *Foto-Drüppel, Wilhelmshaven:* 33 u, 34, 35 o, 43 o, 66 m, 116 o. – *Ernst Fröhling, Witten:* 22 m/u, 35 u, 37 u, 39 u, 42 u, 66 u, 87 o, 93 o, 97, 99, 107 o. – *Gröner Archiv für Marine, Berlin:* 44 m. – *Hans H. Hildebrand, Hamburg-Bergedorf;* 17, 18 o, 21 u, 23 o/m. – *Dr. Dieter Jung, Berlin:* 44 m. – *Arnold Kludas, Bremerhaven:* 12, 13, 14, 26, 27, 31 o, 38 u, 44 o, 94 m, 96 o, 113, 126 u. – *Marineschule Mürwik:* 21 o, 25, 28, 29 u, 43 m, 54, 55 o, 59, 61 o, 62 o, 65 m/u, 72, 77, 81 or, 89 o/u, 90, 94 u, 95 o, 96 m, 100 u, 102, 104 o, 105, 106 o, 108, 111, 112 m, 116 u, 117, 118, 125, 126 o, 128. – *V.A.a.D. Rogge:* 22 o, 93 u, 127. – *K.A.a.D. Weyher:* 19 u, 51–53, 74, 79 ol/m/u, 83, 89, mo/mu, 92 o, 95 u, 103, 104 m/u, 107 u, 112 o/u. *Archiv des Verfassers:* 5, 23 u, 24, 29 o, 30, 31 u, 32, 33 o, 36, 37 o, 38 o, 39 u, 41 o, 55 m, 60, 61 m/u, 66 u, 67, 68 o, 85, 100, 101 o, 124 u, 129 u.

Bücher für die maritime Bibliothek

Hans Jürgen Hansen
Die Schiffe der deutschen Flotten 1848–1945
Dieses „Traditionsbuch der deutschen Marine" gibt eine historische Übersicht über die wichtigsten deutschen Kriegsschiffe bis 1945. 192 Seiten mit 255 Abbildungen, davon 34 in Farbe.

Oliver Warner
Die großen Schlachtflotten
Dieser prächtige Bildband berichtet über die Flotten der seefahrenden Nationen und deren wechselvolle Geschichte. 240 Seiten mit 315 z. T. farbigen Abbildungen.

Stefan Terzibaschitsch
Die Kreuzer der US-Navy 1942–1975
Stefan Terzibaschitsch, international bekannt durch seine Veröffentlichungen über moderne Kriegsschiffe, legt mit diesem Buch erstmalig eine umfassende Darstellung über Konzeption, Bau, Einsatz und Schicksal der US-Kreuzer von 1942–1975 vor. 140 Seiten mit 40 Zeichnungen und Decksplänen, sowie 150 Schiffsfotos.

J. Rohwer / G. Hümmelchen
Chronik des Seekrieges 1939–1945
Dieses Werk ist unentbehrlich für alle, die sich über den Gesamtablauf oder Teile des Seekrieges schnell und zuverlässig informieren wollen. 656 Seiten.

Antony Preston
Flotten des 2. Weltkrieges
Dies ist die reichbebilderte Geschichte der Flotten des 2. Weltkrieges. Auf 300 Fotos, 26 Karten und 50 farbigen Illustrationen werden Schiffe und Operationen der kriegführenden Nationen vorgestellt. 224 Seiten.

George Bruce
Seeschlachten des 20. Jahrhunderts
Diese mit 180 Abbildungen versehene Text-Bild-Dokumentation gibt einen umfassenden Überblick über die Verschiedenartigkeit, den Verlauf und den Ausgang der Seeschlachten seit Beginn unseres Jahrhunderts. 160 Seiten mit 180 Illustrationen.

Cajus Bekker
Das große Bildbuch der deutschen Kriegsmarine 1939–1945
Diese Ergänzung zu „Verdammte See" vereint 297 Fotos, die besten, die es von der Marine und ihren Schiffen gibt, mit einer kurzgefaßten, übersichtlichen Darstellung und Wertung des Seekrieges 1939–1945. Dazu erläutern Skizzen die wichtigsten Typen der Kriegsschiffe. 3. Auflage. 192 Seiten mit 297 Fotos.

Cajus Bekker
Verdammte See
Ein Kriegstagebuch der deutschen Marine. Monatelang auf den Bestsellerlisten vertreten! Noch immer ein Longseller! Deutsche Gesamtauflage bisher über 130.000 Exemplare. 5. Auflage. 392 Seiten mit 66 Fotos.

Cajus Bekker
Einzelkämpfer auf See
Die deutschen Torpedoreiter, Froschmänner und Sprengbootpiloten im 2. Weltkrieg. Nach englischem Urteil eine der erregendsten Geschichten des 2. Weltkrieges. 210 Seiten mit 16 Seiten Fotos.

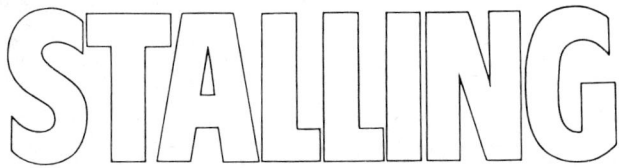